Werner Meyer · Carl Schmidt-Polex

SCHWARZER OKTOBER

D1731301

WERNER MEYER
CARL SCHMIDT-POLEX

SCHWARZER
OKTOBER

17 Tage Krieg um Israel

VERLAG R. S. SCHULZ

Inhaltsübersicht

Vorwort

Wir haben uns an einem Junitag des Jahres 1967 kennengelernt. Das war in Eilat, der israelischen Hafenstadt im Golf von Akaba. Wir, Werner Meyer und Carl Schmidt-Polex, waren als Reporter nach Israel geschickt worden, um über einen Krieg zu berichten, der jeden Moment ausbrechen konnte. Ägyptens damaliger Präsident Nasser hatte die Zufahrt nach Eilat gesperrt und gleichzeitig seine Panzer-Armeen durch die Sinai-Halbinsel an Israels Grenzen rollen lassen. Beide Seiten standen sich gefährlich nahe gegenüber, entschlossen mit aller Kraft loszuschlagen. Das Städtchen Eilat bot an jenem Junitag ein friedvolles Bild. „Ob es wirklich zum Krieg kommt?" fragte einer von uns. „Wahrscheinlich werden sie kämpfen", sagte der andere. „Beide Seiten sind schon zu weit gegangen, um noch zurückzukönnen." Ein paar Tage später brach der Krieg aus, der sechs Tage dauerte. „Vielleicht war dies der letzte Krieg in Nahost", meinte einer von uns, als wir uns nach Kriegsende auf dem Flughafen Lod voneinander verabschiedeten, um Israel zu verlassen. „Hoffentlich war es der letzte", sagte der andere.

Zwei Jahre später sahen wir uns wieder. Diesmal in einer israelischen Bunker-Stellung am Suez-Kanal. Präsident Nasser hatte seinen „War of Attrition" gestartet, seinen „Abnützungs-Krieg". Mit Artillerie-Bombardements, mit Luft-Angriffen und Kommando-Unternehmungen.

Im Sommer dieses Jahres waren wir beide in Israel. Zum Besuch von Willy Brandt und für ein paar andere Reportagen. Vom Frieden war keine Rede, aber keiner unserer vielen Gesprächs-Partner glaubte an einen bevorstehenden Krieg. Dann kam der 6. Oktober 1973. Um 14 Uhr brach der neue Krieg aus. Der eine von uns ging mit seinen Kindern bei Herrsching spazieren, der andere spielte gerade in München Tennis, als über die Fernschreiber der großen Nachrichten-Agenturen die ersten Blitzmeldungen tickerten: „Schwere Gefechte auf den Golan-Höhen und am Suez-Kanal." Wenig später machten wir uns auf den Weg, um auch über diesen Krieg zu berichten.

Wir haben dieses Buch sehr schnell geschrieben. Wir wissen, daß dies kein vollständiger Beitrag über diesen Krieg sein kann. Dazu liegt alles noch zu kurz zurück, sind die Wunden noch zu frisch.

Dieser Krieg wurde zwar von den Arabern begonnen, als sie am 6. Oktober ihren Truppen die Angriffs-Befehle gaben. Aber die wirklichen Ursachen für diesen Krieg liegen viel weiter zurück. In diesem Rahmen mußten wir uns bewegen, wir haben uns zumindest darum bemüht.

Während wir an diesem Buch schrieben, haben uns viele Freunde eine Frage gestellt: „Wird es ein pro-israelisches Buch oder ein pro-arabisches?" Wir konnten diese Frage nicht beantworten. Es ist auf jeden Fall ein Buch geworden, das alle Beteiligten zu Worte kommen läßt — soweit sie sich zu Wort gemeldet haben. Für uns ist das Existenzrecht der palästinensischen

Flüchtlinge in Würde und Freiheit ebenso unbestritten wie das Recht Israels, von seinen Nachbarn anerkannt in Frieden zu leben.

Dieser Krieg hat kaum eines der Probleme wirklich gelöst, wie alle Kriege, die Israel seit 1948 führte oder führen mußte, nichts gelöst haben. Wenn dieses Buch in Druck geht, spricht man bereits von einem neuen Krieg, obwohl es ein paar ermutigende Zeichen gegeben hat. An der Straße von Kairo nach Suez trafen sich israelische und ägyptische Offiziere zu direkten Verhandlungen, wie sie zwischen den beiden Gegnern seit 13 Jahren nicht mehr stattgefunden haben. Ob das ein erster Schritt zum Frieden war?

Wir sind nicht sehr optimistisch.

Werner Meyer   Carl Schmidt-Polex

München, Dezember 1973

Eine Nachricht alarmiert die Welt:

„Krieg steht bevor"

Samstag, 6. Oktober 1973. Es ist 12.20 Uhr mitteleuropäischer Zeit. Noch ungefähr vierzig Minuten bis zum nächsten Krieg — dem vierten Krieg um Nahost. Achthundert Kilometer nördlich von Moskau, über dem Raketenzentrum Plesetsk, sticht ein Feuerstrahl in den leicht verhangenen Himmel. Ein Spion wird auf die Reise geschickt.

Es ist der Aufklärungssatellit „Cosmos 597", den die Sowjetunion in dieser Minute um die Erde schießt. Gewicht: 4 000 Kilogramm. Umlaufzeit: 89,5 Minuten. Über die Nordhälfte der Erde hinweg wird er unseren Planeten umkreisen und dann eine Stunde später vom Süden her Afrika und jene Wüsten und Berge überfliegen, die Heiliges Land heißen. Die Objektive seiner Kameras erkennen jeden Lastwagen. Natürlich jeden Tank. Und jedes Flugzeug.

An diesem Tag behindert im Nahen Osten kaum eine Wolke seine Sicht. Unter dem Spion liegt das ganze Land, das zum Kriegsschauplatz werden wird: Mit einem Foto erfaßt er zugleich die Ostgrenzen Syriens wie Teile des Mittelmeeres.

Die Signale von „Cosmos 597" sind nichts Ungewöhnliches für einen Mann wie Professor Heinz Kaminski vom Institut für Satelliten- und Weltraumforschung in Bochum. „Im Moment ist soviel am Himmel!" Der Professor spricht das „so" sehr gedehnt aus. In den nächsten Tagen wird noch einiges folgen. Besonders von Plesetsk aus.

Der Tag ist übrigens recht kühl, dort oben in Nordrußland, bei Plesetsk an der Straße nach Archangelsk. Vier Grad über Null zeigen die Thermometer, und vormittags hat es geregnet. Doch das Wetter wird besser, sagen die Meteorologen. Der Himmel heitert sich auf, gerade als ein paar tausend Kilometer weiter südlich die ersten Bomben fallen.

***

12.20 Uhr mitteleuropäischer Zeit. Noch vierzig Minuten bis zum nächsten Krieg. In New York beginnt eben erst der Tag: Herrliches Herbstwetter. Der Himmel ist klar, die Luft kühl.

Die New Yorker bereiten sich auf ein langes Wochenende vor. Am darauffolgenden Montag ist Columbustag. Ein Feiertag, der an die Entdeckung der Neuen Welt durch Christoph Kolumbus erinnern soll.

In der „Presidential-Suite", einem Luxus-Appartement im 35. Stockwerk des Waldorf-Astoria-Hotels in der Park Avenue hat um sechs Uhr früh das Telefon Amerikas neuernannten Außenminister aufgeweckt. Henry Kissinger hebt den Hörer ab. Ein Mann namens Joseph J. Sisco meldet: „War is imminent" — „Krieg steht bevor."

Sisco, stellvertretender Außenminister und Nahostexperte, ruft aus seiner Privatwohnung in Washington, wo er das Wochenende eigentlich in Ruhe verbringen wollte.

Nach dem Gespräch läßt sich Sisco sofort in das State Department bringen, ins US-Außenministerium, dessen „Operation-Room" im fensterlosen Keller des Gebäudes liegt. Er wird den Raum in den nächsten Tagen nur noch selten verlassen.

Kissinger angelt sich seine Hosen, schlüpft in ein Hemd und wählt über die zentrale Hotelvermittlung Präsident Richard M. Nixon an, der zum Wochenende in das 1 500 Kilometer entfernte Florida, auf seinen Landsitz Key Biscayne, geflogen ist.

Der Außenminister wohnt immer in dieser Suite im Waldorf Tower, dem exklusiven Flügel des Hotels, wenn er sich in New York aufhält.

Zwei Schlafzimmer, mehrere Badezimmer, ein Ankleideraum, ein riesiger Salon mit mehreren Sitzecken. Als Willy Brandt Ende September anläßlich der Aufnahme der Bundesrepublik in die Vereinten Nationen nach New York kam, war zu seiner Enttäuschung die „Presidential-Suite" bereits besetzt — durch Kissinger. So mußte der Kanzler in der nur wenig bescheideneren „Johnson-Suite" logieren.

Durch einen Mini-Sender, den jedes Mitglied des Kissinger-Stabes am Gürtel trägt, alarmiert der Außenminister seine engsten Berater, die ebenfalls in dieser Nacht im Hotel schlafen. Der elegante Salon wird zum Büro der Krisen-Manager.

Erst viel später machen Mitarbeiter Henry Kissinger darauf aufmerksam, daß er in der Eile vergessen hat, Socken und Schuhe anzuziehen.

Er ist seit genau zwei Wochen Außenminister. Seine erste große Bewährungsprobe in diesem Amt beginnt er barfuß.

Im Palais Schaumburg, dem Bundeskanzleramt in Bonn, nimmt der Beamte vom Dienst um 12.15 Uhr in seinem Büro das Telefon ab. Am anderen Ende ist Frau Hannelore Wenzel, die an diesem Wochenende in der Nachrichten-Zentrale des Bundes-Presseamtes den Strom der einlaufenden Meldungen überwachen muß. „Einer unserer Funker hat festgestellt", meldet Hannelore Wenzel, „daß MENA die Funksendungen eingestellt hat." MENA ist die ägyptische Nachrichten-Agentur mit Sitz in Kairo. Frau Wenzel weiter: „Stattdessen sendet MENA jetzt nur noch Rufzeichen. Unser Funker meint, das sei genauso wie bei Ausbruch des Sechs-Tage-Krieges."

Diese Meldung wird mit schwarzem Filzstift in das grau gebundene Dienstbuch des Kanzleramtes eingetragen. Zunächst aber wählt der Beamte vom Dienst (boshafter Spitzname für ihn und seine Kollegen: „Schläfer für Deutschland") die Nummer der Kanzler-Villa auf dem Venusberg.

Dort nimmt überraschenderweise Horst Grabert, Chef des Kanzleramtes, selbst den Anruf entgegen. Grabert führt mit Willy Brandt letzte Gespräche über die bevorstehende Kanzler-Reise zu Premierminister Edward Heath nach London. Brandt wird um 14 Uhr mit einem Jet-Star der Bundeswehr von Köln-Wahn aus starten. Dann ist der Krieg, den ein Funker des Bundes-Presseamtes kommen hörte, bereits eine Stunde alt.

***

Die Schulkinder in Damaskus wundern sich ein bißchen, daß sie an diesem 6. Oktober so früh nach Hause

14

geschickt werden. Der Samstag ist bei den Mohammedanern kein Feiertag. Doch die Lehrer sagen den Kindern: „Heute fällt die Schule aus. Ihr erfahrt aus dem Radio, wann der Unterricht wieder beginnt."

Das elegante Villenviertel Abu Rammanah im Westen der syrischen Hauptstadt wirkt an diesem Vormittag anders als sonst. Wo sind die Offiziere, die sonst das Straßenbild mit ihren Frauen und Kindern beherrschen? In diesem Wohnviertel der Reichen und Einflußreichen des Landes steht fast vor jeder Villa ein Wächter. „Die Familien sind für das Wochenende verreist", sagt einer von ihnen. Vielleicht weiß er es wirklich nicht anders. Aber die Offiziere sind zu einem Abenteuer zusammengerufen worden, das als ein glanzvolles Kapitel arabischer Geschichte gedacht ist.

Abu Rammanah hat die besten Schulen der Stadt, die modernsten Krankenhäuser. In diesem Viertel stehen das Rundfunk-Gebäude und das syrische Verteidigungsministerium. Zahlreiche Botschafter haben hier ihre Villen oder Residenzen. Genau drei Tage später wird sich in Abu Rammanah eine Tragödie abspielen.

Am anderen Ende der Stadt ganz andere Szenen: Meldefahrer auf alten Motorrädern knattern an diesem Vormittag die Straße entlang, die von Damaskus vorbei an dem riesigen Militär-Stützpunkt Katana zu den Golan-Höhen führt. Jeder Syrer weiß, daß in jenem Krieg, der nur in Syrien nicht den beschämenden Namen Sechs-Tage-Krieg trägt (er heißt dort „Harb Saba' wasitien", Krieg von 67), auf diesem unfreundlichen Felsplateau eine erniedrigende Episode abrollte. Hier wurde die stolze syrische Armee vor sechs Jahren von den Israelis gejagt und aufgerieben.

So groß ist noch heute der Respekt vor dem Geheimdienst der verhaßten Israelis, der Telefonleitungen anzapft und jede Art Funkverkehr abzuhören in der Lage ist, daß die Armee dem Telefon mißtraut und es zuverlässigen Meldefahrern überläßt, jene Befehle auszufahren, die wenig später die ganze Region in ein Schlachtfeld verwandeln werden.

**

In Kairo sind an diesem Vormittag des 6. Oktober auch nicht die geringsten Vorzeichen eines neuen Krieges zu spüren. In den Bazaren handeln amerikanische und deutsche Touristen mit den Verkäufern; im eleganten Gesirah-Sportclub auf der Nil-Insel liegen braungebrannte Studentinnen am Pool, plaudern grauhaarige Männer bei Kaffee oder süßem Tee. Auf der breiten Kasr el Nil, der Hauptgeschäftsstraße Kairos, stauen sich Autos, Omnibusse, Radler und Esel-Karren wie immer. Man sieht wenig Uniformen in der Stadt. Aber den Fremden fällt das nicht weiter auf. Die Leute in Kairo können in ihren Morgenblättern nachlesen, daß die ägyptische Armee seit mehreren Tagen Manöver abhält. Irgendwo draußen in der Wüste, nicht weit vom Suez-Kanal. Dort, wo sich seit 1967 Sadats Soldaten im Sand eingegraben haben. Sie warten auf die Einlösung eines Versprechens, das der Präsident immer wieder abgegeben hat: „Ich werde Euch, meine Brüder, auf die Sinai-Halbinsel zurückführen." Ein Versprechen, auf dessen Einhaltung auch die gesamte arabische Welt wartet.

Kairo ist nur 140 Kilometer von dieser heißesten

Grenze im Nahen Osten, dem Suez-Kanal, entfernt. Aber für die Millionenstadt ist er seit langem schon unerreichbares Sperrgebiet.

Die Touristen haben sich schnell an den Kanonenschuß gewöhnt, der, jeden Abend von einem Hügel bei Kairo abgefeuert, das Ende des täglichen Fastens signalisiert. Die arabische Welt feiert im Oktober Ramadan, den Monat der Enthaltsamkeit und der Besinnung.

Die vielen Touristen ahnen nicht, daß sich ihr Aufenthalt in Ägypten unprogrammgemäß verlängern wird. Daß die meisten schon bald keine Chance mehr haben werden, das Land zu verlassen. Ein bißchen verdächtig nur eines: Schon jetzt, am Samstagvormittag, liegt der Internationale Flughafen von Kairo wie ausgestorben in der prallen Sonne. Bereits am Vortag ist seltsamerweise der gesamte Inland-Verkehr lahmgelegt worden. Als letzte Maschinen hatten zwei riesige sowjetische Transport-Flugzeuge die Startbahn verlassen. Später wird man sich erzählen, die Passagiere seien sowjetische Militär-Berater gewesen, die am Tage zuvor aus Moskau den Abmarschbefehl erhalten hätten. Gesehen hat sie kaum jemand. Die beiden Maschinen waren in einer entfernten Ecke des Flugfeldes abgestellt.

Große Wäsche am Kanal

In einem Bunker am Nordabschnitt auf der von Israel besetzten Seite des Suez-Kanals sitzt James Baruch. Er ist 24 Jahre alt, verheiratet, er hat zwei Kin-

17

der. Seine Familie ist vor 40 Jahren von Afghanistan nach Israel eingewandert.

Er wurde Soldat, weil jeder Israeli drei Jahre lang Soldat werden muß. Er ist es ohne Begeisterung, wie die meisten jungen Israelis auch. Aber er findet das ganz natürlich, in Sichtweite der ägyptischen Stellungen am Suez-Kanal zu liegen. Nur heute, am Yom Kippur-Tag, wäre er gerne zu Hause bei Frau und Kindern. Aber er hat diesmal keinen Urlaub bekommen. Wie so viele seiner Kameraden auch. Die Wacht am Suez-Kanal ist eine langweilige Sache, weit entfernt die nächste Stadt. An diesem jüdischen Feiertag gibt es nicht einmal Musik oder Nachrichten. „Kol Israel" („Die Stimme Israels") hat am Vortag um 15 Uhr ihre Sendungen eingestellt. Auch der Soldatensender ist stumm — wegen des Feiertages. Wenn beide Stationen ihre Sendungen wieder aufnehmen, werden ihre Nachrichten fast unglaublich klingen.

James Baruch entschließt sich, wenigstens seine Militär-Klamotten zu waschen. Als er gerade seine Hose zum Trocknen aufhängt, schlägt eine Granate in die Stellung ein. Seine Familie wird schon bald aus seinem Munde hören, wie ihm in dieser Sekunde zumute war. Dann aber wird das, was er sagt, ein ganzes Volk in Schrecken und Entsetzen stürzen...

* * *

In Tel Aviv heulen zwei Minuten nach 14 Uhr die Luftschutz-Sirenen. Der lange, durchdringende Ton überrascht Israels größte Stadt bei fast menschenleeren Straßen und überfüllten Synagogen. Es ist Yom Kippur, der höchste jüdische Feiertag. An diesem Tage begeht die gesamte jüdische Welt den Versöhnungstag.

Kaum Autos auf den Straßen. Die berühmten Cafés auf dem Flanier-Boulevard Dizengoff sind geschlossen. Am Mittelmeer-Strand vor den Luxus-Hotels liegen nur ein paar Touristen in der warmen Nachmittagssonne. Die Temperatur: 29 Grad im Schatten. Für die Israelis aber ist dies ein Tag, den sie fastend zu Hause verbringen. Oder beim Gebet in der Synagoge.

Auf der Ben Yehuda-Straße im Zentrum der Stadt stehen drei Frauen beisammen, unentschlossen, was sie tun sollen. Ist dies ein Probealarm? Ist alles womöglich ein technisches Versehen? Die meisten Israelis wissen, daß es Probealarm in diesem von Feinden umgebenen Land eigentlich nicht gibt. Ein junger Mann hetzt die Straße entlang und ruft: „In die Keller. Es muß was passiert sein." In der Allenbystraße stehen Frauen und Kinder auf der Straße. Der Luftschutz-Keller, der ihnen zugewiesen wurde, ist verschlossen. Der Hauswart hat den Schlüssel in der Tasche behalten, als er am frühen Morgen wie andere auch durch einen Boten zur Armee gerufen wurde. Der Hauswart trägt den Schlüssel noch in der Tasche, als er zwei Tage später auf den Golan-Höhen verwundet wird.

Die Journalistin Brenda Cheatham erlebt in Tel Aviv den ersten Alarm so: „Ich war zu Hause mit meinen drei Kindern, als die erste Sirene losheulte. Ich wußte überhaupt nicht, was ich tun sollte oder wo ich den Bunker finden sollte, der uns zugeteilt war."

In ihren Häusern und Wohnungen sind die Israelis zunächst ratlos und beunruhigt. Denn noch schweigt der Rundfunk.

Plötzlich viele Autos, die laut hupend und mit aufgeblendeten Scheinwerfern durch die Straßen rasen. Sie tragen Pappschilder mit der Aufschrift „Bekonenut", das heißt „Notstand", an den Fenstern. Ihre Fahrer sollen die Reservisten benachrichtigen, sie abholen und zu ihren Sammelpunkten bringen. Die Touristen am Strand verlassen eilig ihre Liegestühle und hasten in die Hotels. Der Bademeister vor dem Dan-Hotel zieht über seinen überhöhten Beobachtungs-Stand die schwarze Fahne hoch, die „Baden verboten" signalisiert. Dann sucht er seine Kleider zusammen und fährt auf seinem Motorroller in die Stadt.

Acht Minuten nach dem ersten Alarm bricht der Rundfunk sein feiertägliches Schweigen. Der Sprecher ist außer Atem, man hört das Rascheln von Papier. Dann verliest er die erste Meldung, die den Israelis endlich Gewißheit bringt: „An zwei Fronten sind heftige Kämpfe ausgebrochen. Unsere Streitkräfte sind zur Verteidigung angetreten." Über die Stadt jagen ganz tief zwei Phantom-Jagdbomber hinaus aufs Meer. „Wo ist der Luftschutz-Keller?", fragt eine amerikanische Touristin den Portier. „Einfach die Treppen hinunter", antwortet der Mann. „Aber Sie können sich die Mühe sparen." Er ist wie alle Israelis auch überzeugt davon, daß kein arabisches Flugzeug Tel Aviv erreichen wird.

Gideon Berli, zweiter Mann im dpa-Büro in Tel Aviv, sitzt zu dieser Stunde an seiner Schreibmaschine. „Die Einberufung von Reservisten, die in aller Stille schon in der Nacht begonnen hatte, war mir nicht verborgen geblieben." So fuhr er an diesem Feiertag in sein Büro zurück, das er und sein Chef Alex Wachsmuth am Tage zuvor um 14 Uhr verschlossen hatten. Als Berli, Reservist der israelischen Armee, jetzt die Straßen voller Autos sieht, sagt er zu Wachsmuth: „Das wird wohl ein ernsthaftes Manöver sein."

Seine Frau ruft an: „Gidi, sie waren da und haben dich gesucht. Du bist einberufen." Berli rast zurück nach Hause, zieht seine Uniform an, holt seinen Armee-Sack aus dem Schrank. Er muß seinen dreijährigen Sohn in der Obhut von Nachbarn zurücklassen. Denn auch Berlis Frau ist eingezogen worden — sie ist ausgebildete Operations-Schwester und wird in einem Hospital gebraucht. Dann sitzt er in einem Jeep, der ihn in den Süden bringt.

Alex Wachsmuth, der Leiter des dpa-Büros Tel Aviv, muß für die nächsten drei Wochen ohne seinen zweiten Mann auskommen.

Im Tiefgeschoß des Dan-Hotels singt Aaron Halpern gerade ein Totengebet („Untane Tokef"), als die Sirenen losheulen. Halpern ist eigentlich Concierge des eleganten Hotels, nur an ganz hohen Feiertagen betätigt er sich als Ober-Kantor. Zum Yom Kippur-Fest hat der Hotel-Manager in der King Salomon-Suite für die gläubigen Gäste des Hauses einen „Tempel" einrichten lassen.

Halpern setzt das Gebet trotz der Sirenen fort. Er sieht noch, wie sein Sohn Nachman aufsteht und durch die Türe verschwindet. „Ich habe", erzählt Halpern, „erst drei Tage später ein Lebenszeichen von ihm erhalten." Da war der Reserve-Leutnant Nachman Halpern längst an der Front.

In den Synagogen spielen sich unterdessen Szenen ab, wie sie nur in Israel möglich sind, wo praktisch jeder Mann Soldat ist. Als Reservist, als Wächter an irgendeiner Grenze. In der überfüllten Synagoge von Ramat

Eshkol, einem Viertel für Neueinwanderer bei Jerusalem, springt ein junger Mann auf, als ein Kurier am Eingang laut seinen Namen ruft. Der Vater legt beide Arme um seinen Sohn, will ihn nicht gehen lassen. Der Rabbiner kommt heran und sagt dem weinenden Vater: „Der Platz deines Sohnes ist heute nicht unter uns." Dann legt er seine Rechte auf das Haupt des Jungen, segnet ihn, läßt ihn gehen.

In einem Bethaus in Bayit Vegan unterbricht der Rabbiner sein Gebet und erteilt den Reservisten die Erlaubnis, das Fasten abzubrechen und Autos zu benutzen, um an die Fronten zu kommen. „Ich habe nie gedacht", sagt der Rabbiner später, „daß ich jemals am Yom Kippur solche Worte aussprechen müßte." In Bet Hakerem wird dem Rabbiner ein Zettel gereicht, auf dem die Namen der Männer notiert sind, die aus dieser Gemeinde aufgerufen werden. Er liest sie mit fester Stimme vor. Ein Mann nach dem anderen verläßt die Runde. Der Rabbiner stockt kaum merklich, als er den Namen seines Sohnes vorliest.

Im Rundfunk werden jetzt alle 15 Minuten Nachrichten gesendet, unterbrochen nur von der Bekanntgabe der Mobilisierungs-Orders. Die verschlüsselten Rufzeichen verraten dem Gegner wenig und sie klingen eher nach Abenteuer als nach Krieg: „Liebe von Zion", „Pures Kristall", „Der Letzte der Gerechten", oder „Treue Freunde".

Die ersten Toten: zwei Friedenssoldaten

Codewörter über Funk kommen auch vom Suez-Kanal: „Echo" ruft „Yellow", „Copper" ruft El Arish, eine Stadt im nördlichen Teil der Sinai-Halbinsel. „Copper", „Yellow" — das sind die Funkrufzeichen der UN-Waffenstillstands-Beobachter, die im Nordabschnitt des Suez-Kanals nahe der Stadt El Kantara seit 1967 über den brüchigen Frieden am Kanal wachen. Die Vereinten Nationen haben noch viele andere Augen im Nahen Osten. Insgesamt gibt es am Kanal und auf den Golan-Höhen dreißig Kontrollposten, jeder mit zwei Mann besetzt. Oberster Chef der unbewaffneten UN-Truppen ist der finnische Generalmajor Ensio Siilasvuo.

Stützpunkte wie „Copper" und „Echo" liegen auf beiden Seiten des Kanals, jede Station in Sichtweite der nächsten. Die Vereinten Nationen haben für ihre Beobachter Bunker gebaut. Doch die Offiziere mit den blauen Helmen — unter dem Rang eines Captain wird keiner für eine solche Aufgabe eingesetzt — leben normalerweise nicht im Schutzraum. Sie zogen mit hübschen weißen Wohnwagen an die Front, die allerdings nicht sehr komfortabel sind. Eine Klima-Anlage? „Dafür reichen die Generatoren nicht aus", sagt einer der Offiziere. Sechs Tage bleiben die Männer jeweils in der Wüste. Dann werden sie abgelöst. Leitstelle für die Stützpunkte „Kupfer", „Gelb" und „Echo" — so ihre Namen auf deutsch — ist zunächst die UN-Zentrale in El Arish.

Die Offiziere dort geben alle Meldungen weiter zum „Berg des üblen Rats" in Jerusalem, wie das Hauptquartier der Waffenstillstandskommission genannt wird — allerdings nicht erst seit neuerem. Der Hügel, auf dem ihr Gebäude steht, heißt schon seit vielen Jahrhunderten so: Denn einst sollen dort die Priester die Verurteilung des Jesus Christus beschlossen haben. Vom „Berg des üblen Rats" geht jeder Funkspruch weiter nach New York, in das Hauptquartier der Vereinten Nationen.

Die Offiziere sollen sich nur melden, wenn der Waffenstillstand nachdrücklich gebrochen wird. Eine Vorschrift mit der Nummer G 2 sagt, sie müßten gegebenenfalls einiges unternehmen, um den Bruch des Waffenstillstands zu verhindern. „Doch Truppenbewegungen allein gehen uns nichts an", sagt in Jerusalem UN-Presseoffizier Dr. Tatsuro Kunugi, ein Japaner, der sich sehr bemüht, äußerst höflich möglichst wenig über seine Arbeit zu erzählen.

Um 13.15 Uhr haben am 6. Oktober die Beobachter allen Grund sich zu melden. „Starke ägyptische Aktivitäten am westlichen Ufer des Kanals" im Bereich von „Copper", „Yellow" und „Echo". „Die Ägypter bauen eine Brücke", melden die Offiziere. Um 14 Uhr fängt El Arish ihren nächsten, kühlen Funkspruch auf: „Heftiges Feuer von ägyptischer Artillerie und von Granatwerfern."

Eine Meldung gleichen Inhalts trifft um 14.02 Uhr ein. Und um 14.15 Uhr kommt jene Nachricht, die niemand für möglich gehalten hat. Niemand, schon gar nicht die Israelis: „Ägypter überqueren den Kanal." Seitdem schweigt die Station. Andere UN-Offiziere werden nach Kairo abtransportiert, lebend und gesund. Nur die beiden Männer des Postens „Copper" — Captain Bansé, ein Franzose und der italienische Captain Olivieri — bleiben verschollen. Und das kann an diesem Tag am Suez-Kanal nur heißen: Sie sind tot.

Der Vierte Nahost-Krieg beginnt mit dem Tode von zwei Soldaten, die ausgerückt waren, um den Frieden zu sichern.

Barfuß in die Krise

Kissinger sitzt in diesem Augenblick — es ist inzwischen 8 Uhr morgens in New York, 13 Uhr in Bonn und 14 Uhr im Nahen Osten — noch immer barfuß in seiner Hotel-Suite. Zwei Stunden sind seit dem ersten Alarmruf von Joseph J. Sisco vergangen.

Kissinger hat seit dem Gespräch mit seinem Präsidenten in Key Biscayne praktisch den Telefonhörer nicht mehr aus der Hand gegeben. Er ruft Israels Außenminister an — per Stadtgespräch. Abba Eban hält sich seit einigen Tagen wegen der UNO-Sitzungen in New York auf. Ebenfalls in einem New Yorker Hotel erreicht Kissinger an diesem Morgen den Außenminister Ägyptens, Mohammed Sayat. Vor 36 Stunden erst haben die beiden Männer bei einem Abendessen die Lage im Nahen Osten erörtert.

Nichts, so betont Henry Kissinger, habe ihm an jenem Abend den Eindruck vermittelt, daß die Ägypter zum Angreifen entschlossen waren.

Kissinger telefoniert mit Anatoli Dobrynin, dem eleganten Sowjetbotschafter in der amerikanischen Hauptstadt. Auch König Feisal von Saudi-Arabien erhält einen Anruf aus dem Waldorf Astoria, und Kissinger nimmt Kontakt mit König Hussein von Jordanien auf.

Nur einen erreicht der Außenminister nicht: Syriens Außenminister Abdel Halim Khadam. Die Leitungen nach Damaskus sind gestört. Sie bleiben es den ganzen Tag über.

Auf einer Pressekonferenz faßt der Außenminister zusammen, wie sehr er sich nach der Unterrichtung seines Präsidenten bemüht hat, das Unheil noch einmal aufzuhalten: „... unternahmen wir intensive Anstrengungen sowohl gegenüber den betroffenen Parteien als auch gegenüber der Sowjetunion und dem UN-Generalsekretär, um den Ausbruch der Kampfhandlungen zu verhindern. Ganz offensichtlich führten diese Anstrengungen angesichts des Ausmaßes der Vorbereitungen, die vor dem Ausbruch der Feindseligkeiten notwendigerweise stattgefunden haben müssen, zu keinem Erfolg."

Es gab einfach nichts mehr zu verhindern. Als Kissinger den Hörer noch am Ohr hat, als „Cosmos 597" bereits zum ersten Male den künftigen Kriegsschauplatz überfliegt, da genau geschieht es: „Sie kommen über den Kanal", ruft ein israelischer Funker in einem Bunker am Kanal in das Mikrophon. Er spricht mit dem israelischen Hauptquartier Bir Gifgafa im Innern der Sinai-Halbinsel! „Schickt Verstärkung. Es ist, als wenn die Chinesen kommen ...", ruft er noch. „So viele sind es."

***

Der englische Reporter Nicholas Tomalin, 42 Jahre alt und Vater von vier Kindern, hat sich an diesem Samstag — der Himmel über der Themse ist dunkelgrau, bei Temperaturen knapp unter 20 Grad — einige Noten zurechtgelegt. Am nächsten Tag erwartet der Journalist in seinem Londoner Haus Glouchester Cres Nr. 57 ein paar

Freunde, „to play a little music", wie er sagt: um ein bißchen Hausmusik zu treiben.

Der Kriegsberichterstatter, der 1966 für seine Artikel über Vietnam zum „Reporter des Jahres" ernannt worden ist, spielt aus Passion Oboe. Mozart und Beethoven — darauf freut er sich. Eben hat er eine runde Arbeit abgeschlossen. Ein elegantes, sehr britisches Feuilleton. Er schrieb einen Artikel über Prinzessin Anne und ihren Mark Phillips.

Die Geschichte wird erst kurz vor der Hochzeit, am 11. November, in der „Sunday Times", erscheinen. Doch der Drucker verlangte zeitige Ablieferung. Schließlich soll der Artikel mit vielen Farbfotos illustriert werden. Das kostet Zeit. Mr. Tomalin wird von seinen Freunden Nick genannt. Er war beim Schreiben über Anne sehr nachdenklich geworden. Unversehens hat er auch einiges über sich selbst gesagt, mitten in der Betrachtung über die Prinzessin. Er spricht dort, sechzig Zeilen lang und immer mit ganz sanfter Ironie, von den Leuten, die natürlich für Wohlstand, Wachstum und Fortschritt sind. „Doch diese Leute, zu denen auch ich gehöre, erleben oft Augenblicke des Zweifels, wenn sie ins gesetztere Alter kommen." Die endlose Suche nach Neuem könne nicht alles sein, schreibt Reporter Tomalin, und er zeigt — bei ihm klingt das gar nicht modisch-nostalgisch — ein bißchen Heimweh nach der Vergangenheit: nach all den hübschen altmodischen Dingen, zu denen für Tomalin auch Prinzessinnen gehören.

Die vier Kinder lärmen an diesem Tag irgendwo im Haus. Frau Tomalin hat in den Nachrichten von Spannungen im Nahen Osten gehört. Sie ist gerade im ersten Stockwerk beschäftigt, als das Telefon klingelt. Noch bevor Nick den Hörer abhebt, schießt ihr durch den Kopf: „Mein Gott, wahrscheinlich schicken sie ihn wieder in einen Krieg."

Sie hat recht. Nicholas Tomalin bleiben in diesem Augenblick noch rund 260 Stunden zu leben. Er fragt noch, ob er sein Hauskonzert absagen müsse. Aber man hält es nicht für nötig. Er kommt auch so noch zurecht zum Krieg.

Sein Artikel über Anne wird, wie vorgesehen, am 11. November in der illustrierten Beilage der „Sunday Times" erscheinen. Auf den Seiten unmittelbar davor wird die Redaktion in letzter Minute noch eine Bildserie unterbringen: Fotos, die einen sterbenden Offizier zeigen — in jenem Krieg, der auch Tomalin den Tod bringt.

Der Krieg beginnt:

Hunderte sterben —
und Tausende kommen

„Heftiges Artillerie-Feuer." Das ist die erste Meldung des neuen Krieges. Um 14.15 Uhr wird daraus der erste Heeresbericht des Sprechers der israelischen Streitkräfte. Die Nachricht trägt die Nr. 62 und lautet: „Von 14 Uhr an haben die Ägypter und die Syrer Angriffe in Sinai und auf den Golan-Höhen gestartet, in der Luft und auf dem Land. Nach einer Reihe von Angriffen auf israelische Stellungen und Lager begann die feindliche Infanterie eine Landoffensive . . ."

Diese Meldung geht um die Welt. Die Israelis spüren, daß es diesmal ernst ist. Zuerst der Fliegeralarm in den Städten. Und seit 14 Uhr hören immer mehr Reservisten ihr Codewort, das sie über Rundfunk zu einem Treffpunkt ruft. In ein Wäldchen vor die Stadt, an eine Straßenkreuzung, vor eine Schule oder in ein Café. 72 Stunden soll es dauern, bis fast 300000 Soldaten mit ihrer Ausrüstung an den Grenzen des Landes eintreffen.

Eine Rekordzeit, die für die Sicherheit des Landes unerläßlich ist. Aber 72 Stunden bedeuten eine Ewigkeit, wenn der Feind bereits im Angriff ist, wenn die ersten dünnbesetzten Linien überrannt sind.

„Die ganze Stimmung verheißt Unheil", sagt eine Lehrerin in Tel Aviv. „Wir sind wieder mal im Krieg. Und die Leute spüren das sofort."

Feldwebel Raffi, der in einem Unterstand am Nordabschnitt des Kanals sitzt, meint zwar noch zu seinem Freund: „Auch das wird wieder vorübergehen." Ein Schußwechsel ist für Israels Soldaten nichts Außergewöhnliches. Sie leben mit dieser Gewißheit und sie müssen eigentlich täglich während ihrer dreijährigen Militärzeit damit rechnen, daß es einmal ernst wird.

Heftiges Artillerie-Feuer aber bedeutet für sie das tückische Pfeifen der Granaten und das Zählen, bis sie einschlagen. Das bedeutet Feuerwände mit grauem und weiß-schwarzem Qualm. Das sind Einschläge, die die Erde aufwühlen. Ein dumpfes Grollen, Schmerzensschreie und die Befürchtung, daß ein neuer Waffengang bevorsteht. Sie suchen Deckung und sie verkriechen sich in ihren Bunkern. Die ersten Funksprüche, die in der Befehlszentrale von Bir Gifgafa in Sinai eingehen, geben die ganze Verwirrung dieser Soldaten wieder.

„Da sind plötzlich reihenweise Soldaten vor unserer Stellung" funkt ein Leutnant aus einem Bunker direkt am Kanal. Der Feuerüberfall hat die Soldaten in der Bar-Lev-Linie, der Bunker-Front direkt am Suez-Kanal, überrascht. Zumindest zu diesem Zeitpunkt. Aber darüber kann sich jetzt niemand mehr Gedanken machen. Denn schon bald überschlagen sich die zunächst wirren Botschaften aus anderen Bunkern. „Ich habe keinen blassen Schimmer, ob das unsere Leute sind." Es sind Ägypter, und die Israelis merken das sehr schnell. Die Angreifer feuern sofort mit automatischen Waffen, mit Granatwerfern und mit Raketen auf die Stellungen. „Wir haben natürlich zurückgeschossen mit allem, was wir hatten" erzählt Feldwebel Raffi. „Sie starben wie die Fliegen. Einer nach dem anderen fiel um. Aber immer wieder kamen neue."

Diese Ägypter, die da plötzlich und wie aus einer Fata Morgana hervorkommend vor den israelischen Bunkern der Bar-Lev-Linie auftauchen, passen so gar nicht in das Bild, das sich so viele Israelis von ihren arabischen Gegnern machen. Sie laufen nicht davon, wenn ihre Kameraden reihenweise fallen. Sie ordnen ihre Linien neu, wenn die Verteidiger zum Gegenangriff starten. „Was sind das bloß für Leute, da draußen?" fragt ein israelischer Soldat seine rückwärtige Gefechtsstation. Er erhält keine Antwort auf seine Frage, die er bald selbst beantworten kann: Es sind gutausgebildete Ägypter, die zu einem Großangriff angetreten sind. Das sind nicht mehr dieselben Feinde, die noch im Sechs-Tage-Krieg von der israelischen Armee durch die Wüste Sinai gejagt wurden.

Die allerersten Meldungen aus den Kanalbunkern klingen fast alle gleich. „Oh, mein Gott", schreit ein Leutnant in sein Mikrophon. „Hunderte, nein Tausende von Ägyptern überqueren den Kanal. Sie schwimmen auf uns zu. Schickt Verstärkung!"

Diese Vorposten sind schon vor vier Tagen in Alarmzustand versetzt worden. Aufklärungsflugzeuge — darunter eine Maschine deutscher Herkunft, eine „Do 25" —, hatten beobachtet, daß die Ägypter am anderen Ufer des Kanals Truppen verlegten und auswechseln ließen. Präsident Sadat hat seine Herbstmanöver in diesem Jahr etwas später angesetzt. Die israelischen Soldaten sind es gewohnt, daß ihr Oberkommando dann „Alarmzustand" befiehlt. Das ist jedesmal so gewesen. Auch an Feiertagen.

Der 30jährige Reserve-Leutnant Jacov, Student an der Hebräischen Universität in Jerusalem, verheiratet und

Vater von zwei Kindern, sitzt im Granaten-Hagel in einem Bunker bei El Kantara, einer Geisterstadt am Kanal. Die Bewohner sind 1967 zusammen mit den ägyptischen Truppen über die Wasserstraße geflohen. El Kantara ist eine der vielen Städte entlang des Suez-Kanals, die langsam verfallen.

Leutnant Jacov leistet gerade seinen 30tägigen Reserve-Dienst ab, zu dem sich jeder Israeli bis zu seinem 45. Lebensjahr einfinden muß. Vor zwei Tagen hat er Beobachtungen per Funk an seine hintere Befehlsstelle gegeben: „Ungewöhnliche Bewegung auf der ägyptischen Seite. Viele Panzer, Raketen, Feuerstellungen von neuem besetzt."

Die Antwort überraschte Jacov und die 40 Männer seiner Einheit. „Sie (gemeint sind die Ägypter) haben ihr jährliches Manöver. Solange der Kanal ruhig ist, besteht kein Grund zur Sorge".

Wer glaubt schon in Israel daran, daß Sadat wirklich den Sprung über den Kanal wagen würde? Das wäre ein Entschluß, der Krieg bedeuten müßte, ein Krieg über dessen Ausgang kein Israeli den geringsten Zweifel hat. Die Israelis vertrauen ihren Streitkräften nahezu unbegrenzt.

Für alle Abschnitte des Kanals gilt um 14 Uhr: heftiges, sehr heftiges Artillerie-Feuer. Die Bunker und Beobachtungsposten werden „dick" eingedeckt, sagen die Soldaten. „Die Granaten regneten vom Himmel" erzählt einer. „Der Himmel wurde plötzlich dunkel."

Die Bunker sind solide gebaut. Die dicken Betondecken wurden zusätzlich mit einer hohen Sandschicht bedeckt, die jede Granate harmlos verpuffen läßt. „Hier bekommen sie uns nur mit Atombomben heraus", hat noch wenige Wochen vor diesem 6. Oktober ein Bunker-Offizier einem Reporter erzählt.

Als die Israelis 1967 die Sinai-Halbinsel bis zum Suez-Kanal eroberten, waren viele der Meinung, die 140 Kilometer lange, von Ferdinand de Lesseps gebaute Wasserstraße sei zumindest fürs erste eine ideale natürliche Grenze. Nassers geschlagene Armee schien zudem keine echte Bedrohung mehr darzustellen. Die israelischen Truppen richteten sich in behelfsmäßigen Unterständen ein.

Die Linien waren schwach bemannt, und als Baumaterial benutzten die Soldaten Schienen der Eisenbahnlinie, die von Kairo über eine — jetzt zerstörte — Kanalbrücke hinauf in den Norden nach El Arish führte. Ein Provisorium, das zu genügen schien, bis sich nach Friedensgesprächen die israelischen Truppen zurückziehen würden. Das glaubten nach dem Sechs-Tage-Krieg sehr viele Israelis.

Als Präsident Nasser 1968 seinen „Abnützungskrieg" am Kanal startete und die Israelis durch tägliche Artillerieangriffe zu zermürben versuchte, gab es bei den Israelis zunächst schwere Verluste. Mit weitreichender, aus der Sowjetunion gelieferter Artillerie hämmerten die Ägypter auf die israelischen Linien. Die Hoffnung auf Frieden schwand — die Israelis schlugen mit aller Kraft zurück.

Zu jener Zeit war Chaim Bar Lev Generalstabs-Chef, und nach ihm wurde jenes Bunker-System genannt, das die Israelis dann mit großen Kosten am Kanal entlang ausbauten. Eine Kette von rund 40 Stützpunkten, direkt an der Wasserstraße. Oft mehrere Stockwerke tief, war jeder Bunker für sich ein kleines, und — wie man annahm — uneinnehmbares Fort.

Tief gestaffelt, bis zu 20 Kilometer in die Sinai-Halb-insel hinein, weitere Befestigungen. Dahinter wiederum eine Verteidigungs-Linie, aus deren Stellungen heraus Panzerkräfte, Artillerie und motorisierte Infanterie zu jedem nur erdenklichen Gegenangriff antreten konnten.

Die allerersten Linien sind stets dünn besetzt. Wie dünn, das ist eines der vielen israelischen Geheimnisse. Aber dieses kleine Land mit einer Berufsarmee von höchstens 30 000 Soldaten und langen Grenzen, die geschützt werden müssen, dieses Land kann sich in ruhigen Zeiten Massierungen von Truppen kaum lei-sten.

Man hat diese Bar-Lev-Linie gelegentlich mit der Maginot-Linie verglichen — zu Unrecht. Dieses israeli-sche Verteidigungs-System konnte nie viel mehr sein als ein „Stolperdraht", in dem der Angreifer sich so lange verheddern sollte, bis von hinten massive Kräfte ein-gesetzt werden.

An diesem 6. Oktober aber ist alles anders. Da stimmt auch diese Berechnung plötzlich nicht mehr. Das dichte Sperrfeuer treibt die Soldaten zunächst in ihre Unter-stände, die Beobachter werden „blind". Meterhohe Sandfontänen stehen über den Bunkern, immer neue Einschläge legen eine fast undurchdringliche Wand über die Kampflinien. In der Stellung „Gabasat" am süd-lichen Ende des Kanals stirbt der erste Soldat, als der Krieg erst wenige Minuten alt ist. Die Splitter einer Granate reißen dem 22jährigen die Halsschlagader auf. Er verblutet in dem Laufgraben, in dem er getroffen wurde.

Im Nachbar-Bunker, der den israelischen Namen „Mezakh" trägt, das heißt „Landungssteg", werden

42 Soldaten von dem Überfall in Deckung getrieben. Fast alle Soldaten in dieser Stellung sind streng religiös, sie haben seit dem Vortag nichts mehr gegessen, sie sind gerade zum Nachmittags-Gebet versammelt, als der Sturm losbricht.

Hillel Unzdorfer, ein 21jähriger Soldat der Stellung, sagt zu seinem Kameraden: „Das ist sicher nur ein Strohfeuer von den Ägyptern." Die Soldaten singen gerade das Gebetslied „Shma" (Titel: „Erhöre uns, o Israel"), als die Ägypter vor dem Bunker auftauchen. Unzdorfer: „Das war der Augenblick, an dem ich die zweite Handgranate meines Lebens warf. Die erste mußte ich während meiner militärischen Grundausbildung werfen."

Die Soldaten in der Stellung „Mezakh" igeln sich ein und trotzen sieben Tage lang den massiven Angriffen der Ägypter. Dann werden sie in Gefangenschaft gehen — 37 Männer, die den Sturm überlebt haben.

Invasion mit langen Leitern

An einem anderen Abschnitt bringen die ersten Sturmtruppen lange Holzleitern in ihren Schlauchbooten über den Kanal. Ägypter mit langen Leitern waren zur Zeit des sogenannten Abnützungs-Krieges vielbelächelte Figuren in der israelischen Öffentlichkeit. Über lange Leitern kletterten damals die Scharfschützen am anderen Ufer auf Bäume, von denen aus sie auf dem israelisch besetzten Ufer alles unter Beschuß nahmen, was sich bewegte. Sie wurden „Affen" genannt, weil sie viele Stunden lang bewegungslos in den Bäumen hockten und auf ihre Chance warteten.

Ägypter mit einer Leiter — dabei denkt man in Israel zwar an Scharfschützen. Trotzdem klingt es für viele Leute ein bißchen komisch.

Über die Soldaten, die sich jetzt mit ihren Leitern den israelischen Stellungen nähern, lacht niemand. Sie legen diese Leitern an die etwa 20 Meter hohen Sandwälle, hinter denen sich die Israelis verschanzt haben. Bis die Verteidiger nach dem Bombardement merken, daß der Kanal voller Boote und Flöße ist, stehen die ersten Ägypter bereits mitten in den Stellungen.

„Wir hielten mit unserem MG auf alles was sich bewegte", sagt einer der Verteidiger. „Rund um unsere Stellungen herum aber bewegt sich praktisch die ganze Wüste."

Wo die Ägypter auf starken Widerstand treffen, stoßen sie einfach an den Stellungen vorbei und schließen sie ein. Ein israelischer Offizier sperrt sich nach einem erfolglosen Angriff mit seinen Soldaten in einen Bunker ein. Dann fordert er die eigene Artillerie in seinem Rücken auf, die Stellung zu beschießen.

Nach dem Bombardement stürzt er an der Spitze seiner Leute aus dem Bunker. Es gelingt ihm, die Ägypter zurückzudrängen. Jetzt setzt er sich mit den Überlebenden seiner Besatzung nach hinten ab.

Die israelische Öffentlichkeit kennt zu diesem Zeitpunkt noch nicht das Ausmaß des ägyptischen Angriffs. Wenn die Israelis wüßten, was am Kanal geschieht, würden sie es nicht glauben. Soldaten von „Zahal", der angeblich unbesiegbaren israelischen Armee, müssen sich vor ägyptischen Soldaten zurückziehen. Bunker der hochgepriesenen Bar-Lev-Linie müssen aufgegeben werden, die ersten Soldaten heben die Hände hoch und ergeben sich den arabischen Angreifern. Aber das alles wird Israel erst viel später erfahren.

Im Mittelabschnitt des Kanals versuchen die Ägypter mit Flammenwerfern und Handgranaten die Israelis aus ihren geschützten Laufgräben zu vertreiben. Verbissen klammern sich die Verteidiger an dieses Stückchen Wüste, das ihnen durch Befehl zugewiesen wurde. Die Ägypter haben schwere Verluste, es gelingt ihnen nicht, diese Bunker zu überrennen. Auf Gummiflößen zurren inzwischen an der anderen Seite der Wasserstraße Pioniere drei Panzer fest. Sie schwimmen über die stillgelegte Wasserstraße und rollen von den Flößen direkt vor die umkämpfte Stellung.

Der erste Tank zerschmettert die Hindernisse am Eingang unter seinen Ketten und rollt in die Laufgräben. Daraufhin ergeben sich 17 der Verteidiger.

Dreißig Minuten zuvor waren es noch 50 gewesen. Die anderen sind gefallen. Nur zwei Soldaten gelingt es, sich durch die Wüste zu den rückwärtsliegenden eigenen Linien durchzuschlagen. Sie werden wie Helden empfangen.

Spätestens in diesem Moment merken hohe israelische Offiziere, daß dieser Krieg andere Gesetze hat als jede bisherige Auseinandersetzung zwischen Israelis und Arabern. In den israelischen Stäben ahnt man, daß es einen Sechs-Tage-Krieg diesmal kaum geben wird.

Daß ägyptische Panzer die steilen, von Pionieren aufgeschütteten Böschungen am Ostufer so leicht überwinden können, ist für die Israelis eine böse Überraschung. Für die Angreifer aber ist dieser Übergang nicht viel mehr als gängige Routine. Seit Jahren hat der ägyptische Generalstab seine Elite-Einheiten die Kanal-

Überquerung üben lassen. Jeder Handgriff war tausendmal wiederholt worden, jede Eventualität eingerechnet.

Auf den Süßwasser-Kanälen des Nils mußten diese Regimenter Brücken schlagen, bis jeder im Schlaf wußte, was er zu tun hatte. Selbst auf dem Kanal, an einer besonders breiten Stelle unweit der Firdan-Brücke, übten Sadats Soldaten. Einer der ersten ägyptischen Gefangenen dieses Krieges erzählt: „Wir trainierten lange für diese Aufgabe. Jeder von uns konnte auswendig, was von ihm erwartet wurde."

Dem israelischen Geheimdienst waren diese Übungen nicht entgangen. Aber vielleicht hatte Präsident Sadat zu oft die Rückkehr seiner Truppen auf die Sinai-Halbinsel angekündigt. Vielleicht hatte Ägyptens Generalstabs-Chef Saadeddin Shazli zu häufig seine Truppen Brücken schlagen lassen. „Uns ging es", meint ein Offizier, „wie dem bekannten Schäfer, der andauernd vor dem Wolf warnt. Als das Raubtier dann wirklich einmal kommt, ist niemand darauf gefaßt." Fest steht: Als die Ägypter über den Kanal kommen, treffen sie die Besatzungen in den israelischen Stellungen zum Teil unvorbereitet an.

Dabei hat der ägyptische General Shazli schon in der Nacht vor dem großen Angriff die erste Aktion des Krieges anrollen lassen. An mehreren Abschnitten des Kanals sind Froschmänner an das andere Ufer geschwommen. Diese Kommando-Soldaten zogen in wasserdichten Behältern starke Sprengladungen hinter sich her. Sie vergruben die Ladungen fachmännisch in den Böschungen, die nicht an allen Abschnitten des Kanals aus hohen Sandaufschüttungen bestehen, stellten die Zeitzünder ein und kamen unversehrt an das Westufer zurück. Alle Froschmänner hatten sich freiwillig zu diesem Einsatz gemeldet. Eigentlich waren sie dazu ausgebildet worden, die Mittelmeer-Häfen Port Said und Alexandria vor Kommando-Trupps der Israelis zu beschützen. Jetzt legten sie die ersten Sprengsätze dieses Krieges. Sie werden schon wenig später als Helden gefeiert.

Keiner der vielen israelischen Posten am Kanal scheint etwas von dieser nächtlichen Aktion bemerkt zu haben, keine Meldung darüber wird veröffentlicht.

Am nächsten Tag reißen kurz nach 14 Uhr inmitten des Artillerie-Bombardements mehrere Explosionen das Kanalufer an mehreren Stellen auf. Die ersten Breschen für einen Übergang sind geschlagen. Um die hohen Sandwälle schnell und möglichst gefahrlos zu überwinden, haben sich die Ägypter noch etwas einfallen lassen, was in keinem Lehrbuch für Strategie steht: den Einsatz von Wasserkanonen.

Sadats Geheimwaffe: Wasserkanonen

Mit den ersten Sturmtruppen bringen die Ägypter auf motorgetriebenen Flößen riesige Generatoren über das Wasser, die als Pumpen benutzt werden. Aus starken Schläuchen spritzen sie so lange Wassermengen in die hohen Hindernisse aus leichtem Sand, bis ein paar Granaten genügen, um eine Bresche in die nun kompaktere Masse zu sprengen. Diese Wasserkanonen werden zu einer entscheidenden Waffe der ersten Kriegsstunden.

Ägyptens Präsident Sadat war von dieser „Waffe aus eigener Produktion", wie er sie scherzhaft nannte, derart angetan, daß er der Operation mit großem Stolz den Codenamen „Funke" gab. Lange Zeit mußten ägyptische Offiziere an Modellen experimentieren. Jede noch so große Bombe würde höchstens den Sand durcheinanderwirbeln. Erst als einer der Offiziere auf die Idee kam, den Sand mit Wasser zu tränken, wurden die Versuche erfolgreich.

Die erste Welle der ägyptischen Sturmtruppen erreicht an allen Punkten das östliche Ufer. Als so wachsam hatte Sadat die israelischen Vorposten eingeschätzt, daß er in vertrautem Kreise einmal davon sprach, er müsse wohl eine erste Welle opfern, um die nächste überhaupt ans andere Ufer zu bringen.

Natürlich gibt es schwere Verluste bei den Angreifern. In ihren Schlauchbooten sind sie ein leichtes Ziel für Maschinengewehre und andere automatische Waffen. Die ersten Angreifer bewegt zudem ein Gedanke, der ihrer Kanal-Überquerung so etwas wie den Nimbus eines Selbstmord-Kommandos verleiht.

In arabischen Zeitungen hatte es schwarz auf weiß gestanden: Die Israelis haben Leitungen gelegt, durch die sie Napalm über die Wasseroberfläche pumpen können. Mit Bomben werden sie dann den Kanal mit allem, was sich darauf befindet, in ein Flammenmeer verwandeln. Nichts davon geschieht und es ist sehr zweifelhaft, daß die Israelis derartige Konstruktionen wirklich gebaut haben.

Die arabische Propaganda aber feiert dieses „Versäumnis" als Zeichen für die Verwirrung und Panik, die Israels Kanal-Soldaten erfaßt habe.

Die Ägypter warten in dieser ersten Stunde des Krieges mit einer weiteren Überraschung auf: Sie schlagen am hellen Tage Brücken über den Kanal. „In der Nacht hatten wir ihren Pionieren so was schon zugetraut", meint ein israelischer Offizier in einer hinteren Stellung. „Aber bei Tageslicht — das wirkte für uns einfach verrückt. Sie kannten doch die Gefährlichkeit unserer Luftwaffe."

Die Brücken rollen von selbst an das Wasser und dann breiten sie sich über den bis zu 140 Meter breiten Kanal wie Teppiche aus. Fünfzehn Minuten arbeiten die Pioniere, dann können die ersten Fahrzeuge über das Wasser fahren.

Zwei Stunden, so hatte Israels militärischer Nachrichtendienst gerechnet, werde es wohl dauern, bis eine ägyptische Ponton-Brücke steht. Kein Sprecher vergaß, dann noch hinzuzufügen: „Aber nur dann, wenn die Pioniere ungestört arbeiten können."

Genau das versuchen jetzt die Israelis mit aller Macht zu verhindern. Die Artillerie-Beobachter leiten das Feuer der schweren Geschütze auf die Übergangsstellen. Sofort wird eine der Brücken im Nordabschnitt getroffen. Jeeps rutschen ins Wasser, ein paar der riesigen Pontons schwimmen weg, Leichen treiben davon. Aber sofort sind neue Brückenteile im Wasser. Nach wenigen Minuten schon läuft der Verkehr wieder wie zuvor. „Wir schlagen diese Brücken kaputt", wundert sich im Hauptquartier Süd ein Offizier, „und schon bauen sie eine neue."

In den Palmenwäldern am ägyptischen Ufer des Kanals ist eine riesige Flotte solcher Brückenteile versteckt. Der Übergang des Großteils der 2. ägyptischen Armee im Norden ist nach einer guten Stunde dieses vierten Nahost-Krieges geglückt. Noch vor der Abenddämmerung wird auch die 3. Armee festen Boden im südlichen Abschnitt, in der Gegend von Suez, fassen.

In seinem unterirdischen Hauptquartier bei Kairo kann sich Generalstabs-Chef Shazli beglückwünschen lassen. Er hat seine Truppen zu einem Triumph geführt, der noch triumphaler ist, als Kairo zu hoffen wagte.

Die Soldaten der ersten Welle werden zu Helden erklärt und pauschal befördert, manche von ihnen gleich um zwei Ränge. Etwa 200 Soldaten der ersten Einsatz-Gruppen werden posthum ausgezeichnet — sie sind beim Übergang gefallen.

Leutnant Doron, ein 22jähriger Student aus dem Norden Israels, rollt gegen 14.30 Uhr mit seinem Centurion-Tank in eine Kanal-Stellung, die den Code-namen „Chinesische Farm" trägt. „Wir sahen eine Brücke und wir schossen darauf. Aber die bauten schon an einer neuen Brücke." Der Tank wird mehrmals getroffen und Doron fliegt mit einer Halsverletzung aus dem Turm. „Ich sah noch, wie die Jungens im Bunker mit dem Maschinengewehr eine MIG abschossen." Dann wurde der Schwerverletzte durch einen anderen Panzer evakuiert. Noch haben die Israelis nicht mit Erfolg jene Waffe eingesetzt, die als sicherste Trumpf-karte jeder militärischen Auseinandersetzung im Nahen Osten gilt: ihre Luftwaffe. „Ich weiß nicht, was mich getroffen hat", erzählt später der 20jährige israelische Leutnant Shai Katzin einem britischen Reporter, der ihn im ägyptischen Hospital findet.

Katzin wird am Nachmittag des 6. Oktober über dem Suez-Kanal in seiner „Skyhawk" abgeschossen. Er landet am Fallschirm hinter den ägyptischen Linien. „Alle unsere Berichte", funkt an diesem ersten Kriegstag ein UNO-Offizier, „lassen klar erkennen, daß drei von fünf israelischen Maschinen getroffen wurden." Die besten Piloten dieser Erde finden plötzlich einen Gegner, der ebenbürtig ist, zu Anfang des Krieges sogar überlegen: eine sowjetische Rakete mit der Bezeichnung SAM-6. „Sie kamen in unglaublichen Mengen auf uns zugeflogen", erzählt ein Phantom-Pilot, „und gegen die half kein Trick."

Raketen von den Typen SAM-2 und SAM-3 waren so etwas wie alte Bekannte der Israelis. Fast jeder Flugzeugführer hatte schon einmal eine Begegnung in der Luft. „Sie sehen aus wie Telegraphenmasten, wenn sie an einem vorbeifliegen", meint ein Pilot, dem es gelungen ist, einer SAM-2 auszuweichen. Diese neue Rakete aber, das merken Israelis Piloten schnell und schmerzlich, die folgt der Maschine, wohin sie auch auszubrechen sucht. Kein Tiefflug ist niedrig genug, als daß ihr Radar nicht „zupackt", kein noch so waghalsiges Manöver eine Garantie dafür, um dieser neuen Waffe wirklich zu entkommen.

„Unsere Piloten", erzählt ein hoher Offizier, „waren während der ersten Tage nicht viel mehr als Kamikaze-Flieger." Aber auch der selbstmörderische Einsatz der israelischen Piloten kann nicht verhindern, daß ein Armee-Communique (Nr. 5) in Kairo schon um 14.05 Uhr meldet: „Die ägyptische Flagge weht über der Bar-Lev-Linie."

Die israelische Öffentlichkeit erfährt das volle Ausmaß dieser ersten Kriegsstunde Tage später. Israel verlor in den ersten drei Tagen fast 100 seiner modernen

„Phantom"-, „Mirage"- und „Skyhawk"-Maschinen — die meisten von ihnen nicht bei Luftkämpfen, sondern durch Raketen, über die arabische Soldaten jubelnd sagen: „SAM-6 schlägt Uncle Sam."

Panzerkommandanten
sterben im Stehen

Rauschende, knatternde Töne im Kopfhörer. Dann Stimmen:

„Fahr den Hügel rauf."

„Avor" — das bedeutet weiter, verstanden.

„Halt dich aus dem Flußbett raus."

Eine andere Stimme schaltet sich ein.

„Bleib rechts!"

„Ich hab's!"

„Ich sehe nicht, daß du vorwärts kommst. Beweg' dich doch. Los!"

„Jetzt mehr nach Süden."

„Zanek." Zanek heißt Los.

„Sof" — Ende.

Ein paar Dialogfetzen aus dem Funkverkehr. Sie schildern nichts anderes, als die größte Panzerschlacht in der Geschichte des Nahen Ostens. Es ist die Schlacht um die Golan-Höhen, um jenes Plateau, das im Nordosten Israels jäh wie ein Steilufer 300 Meter hoch über den See Genezareth ragt. Vor 1967 waren die Höhen syrisches Staatsgebiet. Von dort herab schossen arabische Artilleristen auf die Kibbutzim Israels, auf die Wehrsiedlungen und in die Felder.

Seit dem Sechs-Tage-Krieg hat die Armee Moshe Dayans dieses von der Natur geschaffene Angriffs-Plateau besetzt. Hier wird der Kampf wilder, blutiger, härter noch als in Sinai geführt. Dort unten in der Wüste spielen ein paar Kilometer, vielleicht sogar fünfzig oder mehr Kilometer Sand keine entscheidende Rolle. Israels Grenzen sind auch dann noch in sicherer Entfernung. Und „sichere Grenzen" fordern die Israelis seit der Staatsgründung von 1948.

Die Golan-Hochebene ist nur siebzehn Kilometer tief. Hier zählt jeder Hügel, jeder Hektar. Eine halbe Stunde mit dem Panzer, und man ist tief in Israel. Mit den modernen Kampf-Flugzeugen dauert es nur wenige Minuten.

So schnell beginnt dort oben der vierte Nahost-Krieg, daß ein Offizier, der eben unter einer behelfsmäßigen Dusche steht, nicht einmal mehr Zeit findet, in die Hose zu steigen: „Ich sah sie kommen und sprang nackt in meinen Tank." Nackt fährt er die ersten Angriffe gegen angreifende syrische Panzer, dann erst bietet sich eine Pause, die wenigstens so lang ist, daß er einen jener Asbest-Overalls überziehen kann, die Panzerführer vor Verbrennungen schützen sollen.

Um 13.58 Uhr Ortszeit hören die Offiziere der UN-Beobachtungsstation „Zodiac" im äußersten Norden der syrisch-israelischen Waffenstillstandslinie die ersten Schüsse.

Sofort brechen die ersten Luftangriffe los: „Um genau 14 Uhr sahen wir 15 oder 20 Flugzeuge auf uns zukommen", meldet einer der ersten Augenzeugen, ein israelischer Captain namens Yossi. „Bevor wir die ersten Maschinen identifizieren konnten, fielen sie über uns her. Ich jagte meine Leute zu ihren Panzern. Dann sah ich eine Staubwolke aus dem Osten auf uns zuwandern. Artillerie. Mir wurde klar, daß hinter diesem

Feuer-Vorhang angreifende Panzer verborgen sind . . ." Yossi kann zuerst nur drei Fahrzeuge erkennen, die „in unsere Richtung" über die Waffenstillstandslinie rollen. „Alle drei wurden von unseren ersten Schüssen zerschlagen. Ich zielte auf einen vierten. Nach dem ersten Schuß sah ich, wie sein Turm davonflog. Ich dachte, das wäre das Ende der Schlacht. Aber es war erst der Anfang. Aus der Staubwand rückten erneut Dutzende von Panzern hervor. Wir teilten sie unter uns auf und schossen einen nach dem anderen ab. Bevor wir Luft holen konnten, rollte eine weitere Wand aus Stahl auf uns zu."

Wer von den Israelis hat in der ersten Stunde fünfzehn, wer zwanzig, wer noch mehr Panzer abgeschossen? „Ich möchte euch keine Geschichte erzählen, aber dreißig waren es bestimmt", sagt Panzerkommandant Eli Prag. Man nennt ihn künftig „Tiger".

Wer was vernichtet hat, mag später die für Orden zuständigen Dienststellen beschäftigen. Für Captain Yossi ist an jenem Samstag nur wichtig: „Sie drehen ab! Die Syrer drehen ab!" Aber sie werden wiederkommen. Der Captain fährt los, zwischen den Wracks der Gegner hindurch. Plötzlich dreht sich der Turm eines angeschlagenen Tanks. Er ist manövrierunfähig liegengeblieben — aber schießen kann er noch. Er trifft Yossis Panzer. Ein Splitter verletzt den Offizier an der Kehle. Aber er überlebt.

Anderswo auf den Golan-Höhen, weiter im Süden, sind die Syrer schon kurz nach 13 Uhr über die Waffenstillstandslinien gestoßen. Leutnant Shmulik — er wird ein paar Wochen danach zu einem der ersten Helden des Kriegs erklärt — steht bereits um 13.15 Uhr mehr als einem Dutzend syrischer Panzer gegenüber. Er schießt sie alle kampfunfähig. „Aber dann rückten weitere Tanks an, nur 200 Meter von uns entfernt. Sie waren raffinierter und suchten hinter einem Bunker der Waffenstillstandskommission Schutz. Als sie hervorkamen, schalteten wir sie aus. Aber dann rollte auch schon die dritte Welle an", berichtet er einer israelischen Militärzeitung.

Vier Stunden lang geht das so weiter. „Als die Dämmerung anbrach, packte mich der Schrecken angesichts der vielen gegnerischen Panzer. Es waren mehr, als ich je zuvor auf einmal gesehen hatte. Sie besetzten alle Hügel rund um uns. Ich erinnere mich, daß in diesem Moment echte Furcht in mir hochstieg — als ich sah, wie wir trafen und wie sie dennoch blieben, nicht gewillt, uns die Rückseite zu zeigen. Da war es, daß ich dachte: „Wann kommt denn eigentlich unsere verdammte Luftwaffe?"

Sie kommt auch. Aber in den ersten Stunden des Krieges werden Israels Kampf-Flieger an zu vielen Stellen gebraucht. Noch einmal greifen die Syrer an. Shmulik wird durch acht Splitter verwundet. Sie treffen ihn wie Yossi in den Hals.

Ein Zufall ist das nicht. Sehr viele Offiziere verbluten an solchen Verletzungen — so wie jener Panzersoldat, den zwei Reporter der britischen „Sunday Times" sterben sehen: Ein Panzer ist von den syrischen Angreifern mit einer Bazooka, einer Panzerfaust, getroffen worden. Der Kommandant, der halb aufgerichtet im Turm saß, wird an der Kehle verletzt. Drei Sanitäter bemühen sich verzweifelt um ihn, sie massieren seine Brust und pumpen ihm Sauerstoff ein. „Dunkles

Blut floß aus seiner zerrissenen Kehle, und dann wurde sein Gesicht schrecklich grau. Die Sanitäter hielten inne und saßen für einen Augenblick schweigend da. Dann bedeckten sie sein Gesicht mit einer grauen Armeedecke und legten traurig den Körper in einen behelfsmäßigen Sanitätswagen, in das Lieferauto einer Aufzug-Gesellschaft aus Haifa", berichten die Engländer.

Warum so viele Verletzungen am Kopf?

„Sehen Sie sich doch das wellige Gelände an", sagt ein Offizier. „Hinter den Hügeln kann sich leicht ein Panzer verstecken. Wer aufrecht im Turm seines Fahrzeugs steht, sieht viel mehr, als wenn er nur durch sein Sehrohr schaut. Diesen Vorteil nützen alle aus."

Sie stehen aufrecht im Turm, auch im Gefecht. Als der Offizier merkt, wie seine Worte wirken, setzt er noch hinzu: „Bitte denken Sie jetzt nicht an falschen Heldenmut, an stolzes Aufrechtstehen um jeden Preis. Ach Gott, wir gehen genauso gern wie andere in Deckung. Aber wer mehr sieht, kann schneller schießen und besser treffen. Und wer schneller schießt, lebt auch länger."

Ein anderer meint: „Wir schießen sogar viermal schneller als die Syrer. Das ist keine Angabe. Bis die anderen feuern, haben wir schon ein paarmal getroffen. Das gibt uns eine Chance von vier zu eins." Aber in dieser ersten Kriegsstunde auf den Golan-Höhen genügt es oft nicht, schneller zu sein. Das Zahlenverhältnis ist einfach zu ungleich. Ist es 10 zu 1 oder gar 15 zu 1 — zuungunsten der Israelis? Niemand hat Zeit, sich um solche Fragen wirklich zu kümmern.

Funkstille signalisiert den Tod

Wer getroffen wird und am Leben bleibt, von dem erwartet man auch, daß er nicht aufgibt. Ein Beispiel dafür ist ein Offizier, dessen Namen ungenannt bleibt.

Nach fünf Stunden Kampf fährt sein Tank auf eine Mine. Dem Kommandanten und zwei Soldaten gelingt es, sich aus dem brennenden Fahrzeug herauszuzwängen. Ihr vierter Mann kommt in den Flammen um — die Granaten im Inneren des Fahrzeugs explodieren, und der Panzer brennt die ganze Nacht . . .

Der Fahrer wird zurückgebracht: Er hat böse Brandwunden. Der Kommandant steigt in einen neuen Panzer. Diesmal erwischt ihn gegnerisches Feuer. Der Offizier steigt auf ein drittes Fahrzeug um. Und damit fährt er in den Tod. Sein Kanonier entkommt und wird an diesem Tag vom Frontdienst entlassen. Er hat genug erlebt, und er ist das einzige Kind seiner Eltern.

„Und was war für Sie das Schwerste, das Härteste in diesen Stunden?"

„Tiger" Eli Prag: „In der Dunkelheit des Abends sehe ich plötzlich einen anderen Panzer. Es muß ein Syrer sein. Auf einem Hügel ist das geschehen." Prags Gegner steht etwas unterhalb von ihm und so nahe, daß ihn das Geschütz der Israelis nicht erfassen kann. Prag läßt seinen Panzer weiterfahren — auf die Gefahr hin, im steilen Gelände hängenzubleiben. Dann schaltet er die Scheinwerfer ein, um sicherzugehen. Es war ein Syrer. Prag gibt das Kommando „Feuern" ein paar Sekunden eher als die anderen.

„Das Schlimmste für mich", sagt jedoch ein Soldat, „ist etwas ganz anderes: wenn eines unserer Fahrzeuge im Funkverkehr nicht mehr antwortet und man weiß: den anderen hat's erwischt."

Die Panzerfahrer sprechen fast ständig miteinander und mit ihren Leitstellen. „Unablässig ergießt sich über sie ein Strom von Informationen", sagen militärische Beobachter. „Besser informiert als sein Gegner, weiß der israelische Soldat immer, was gerade geschieht, wo er gebraucht wird. Auch das trägt zu seiner Überlegenheit bei."

An diesem Tag verstummt sehr oft der Funkverkehr, sehr oft ruft ein Kommandant nach dem nächsten: „Rachel 1 melden! Was ist denn los?" „Rachel" oder „Esther" oder „Spatz" und wie die Codenamen der Fahrzeuge heißen mögen, aber bleiben still.

In der Mehrzahl der Fälle sind sie nicht, so ergibt sich, beim Duell mit einem anderen Panzer in Brand geschossen. Tödlich wurde für viele Stahlungetüme ein Zwerg, eine Waffe, die ein kurzsichtiger Mann noch aus zwei oder drei Kilometer Entfernung sicher ins Ziel steuern kann — auch wenn dieses Ziel sich schnell bewegt. Eine Waffe, die in der Herstellung nur ein paar tausend Mark kostet. Es sind kleine russische Raketen, die man in Europa „Sagger" oder „Snapper" nennt.

Kurz nach 18 Uhr an diesem ersten Kriegstag wendet sich Israels Ministerpräsidentin Golda Meir an ihre Landsleute. Über Radio und Fernsehen sucht die 75 Jahre alte Frau den Israelis wenigstens einen Teil jener Ungewißheit zu nehmen, die seit Stunden im ganzen Lande herrscht.

„Bürger von Israel", sagt Golda Meir, „wieder einmal wurde uns ein Krieg aufgezwungen. Ich bin sicher, keiner von uns wird in Panik ausbrechen. Wegen der

Einberufungen wird es zwar Schwierigkeiten in der täglichen Routine geben. Aber wie in der Vergangenheit müssen diese Schwierigkeiten hingenommen werden, weil unsere Existenz, unsere Sicherheit und unsere Unabhängigkeit dies erfordern." Golda Meir trägt ihre Worte mit dramatischem Ernst vor. Sie wirkt müde und niedergeschlagen. Seit dem frühen Morgen hat das Kabinett fast ununterbrochen getagt. Den Angriff der Syrer und Ägypter nennt sie einen „Akt des Irrsinns". Sie schließt ihren beschwörenden Appell mit den Worten: „Wir sind zuversichtlich, daß die israelischen Verteidigungskräfte die Stärke haben, den Feind zu überwältigen."

Golda Meirs schwerer Entschluß:

Wir schlagen nicht als erste zu

Um acht Uhr früh hatte sich an diesem Samstagmorgen das israelische Kabinett zum ersten Male versammelt. Golda Meir hat die Minister trotz des Feiertages in Tel Aviv zusammengetrommelt. Die Kriegs-Vorbereitungen der Araber sind jetzt ganz offensichtlich. Wohl melden an diesem Morgen ägyptische Zeitungen, Präsident Sadat habe sich für ein paar Tage zur Erholung nach Alexandria begeben, in mehreren Blättern, darunter dem angesehenen „Al Ahram" steht zu lesen, die Alarmbereitschaft der Kanal-Armee sei zurückgestuft worden.

Die Israelis lassen sich durch solche „Türken" (so nennt man erfundene Zeitungsmeldungen), nicht irreführen. Sie haben selbst zu oft zu dieser Waffe gegriffen, um den Gegner zu täuschen. So am Vorabend des Sechs-Tage-Krieges, als plötzlich auffallend viele Fotos von Soldaten auf Urlaub in Zeitungs-Redaktionen flatterten. Wenige Stunden, bevor Israel den Krieg eröffnete.

Die Auswertung aller Berichte von den Fronten und dem Geheimdienst ergibt in der Minister-Runde eindeutig: Die ägyptische und die syrische Armee sind auf dem Sprung.

In der Kabinettsitzung tragen zunächst die Militärs ihre Wünsche vor. An diesem Morgen geht es nur um zwei Fragen: Präventivschlag wie 1967 oder Abwarten. Das Kabinett ist in diesem Moment nicht mehr in „Falken" und „Tauben" gespalten — wie so oft in der Vergangenheit. Jeder Minister weiß, daß der Staat Israel in den letzten Monaten politisch geradezu beängstigend isoliert war.

Aus den laufenden Gesprächen mit den USA ist jedem Kabinetts-Mitglied die Haltung Washingtons bekannt. Eine Haltung, die am selben Tag ein Beamter des israelischen Außenministeriums etwa so zu beschreiben sucht: „Die Amerikaner haben uns erklärt, daß sie politisch und militärisch nichts, aber auch gar nichts mehr für uns tun könnten, wenn wir zuerst angreifen. Das waren Daumenschrauben, die uns praktisch beide Hände lähmten."

In Tel Aviv kommt es unter Goldas Ministern nach den Berichten der Militärs und den Analysen der Politiker angeblich zur Abstimmung: Einmütig wird ein Präventivschlag abgelehnt, ein Minister (angeblich Verteidigungsminister Moshe Dayan) enthält sich der Stimme. Boten verkehren ständig zwischen dem geheimgehaltenen Tagungsort der Minister und der US-Botschaft, die zwischen Hotel-Palästen direkt am Mittelmeer liegt. Der amerikanische Botschafter Kenneth Keating hat schon zu früher Stunde seine Leute alarmiert. Er ist es, der gegen Mittag zwei wichtige Meldungen nach Washington an den stellvertretenden Außenminister Joseph J. Sisco durchgibt: 1. ein arabischer Angriff steht unmittelbar bevor und 2. die israelischen Streitkräfte werden nicht versuchen, einen Präventivschlag zu führen.

Golda Meir hat Keating eine solche Zusage gegeben.

Nach dem Krieg wird der inzwischen zurückgetretene Justizminister Shapira behaupten, die Ministerpräsidentin habe dies getan, ohne vorher die Zustimmung des Kabinetts eingeholt zu haben. Die anderen Minister schweigen dazu — noch. Aber keiner, der sich bisher an die Öffentlichkeit wandte, ließ den geringsten Zweifel daran, daß dieser Verzicht ganz freiwillig nicht zustande gekommen ist. So wichtig ist nach Ausbruch des Krieges der Regierung in Jerusalem das amerikanische Wohlwollen, daß der stellvertretende Ministerpräsident Ygal Allon in der Nacht sogar den Bürochef des US-Nachrichten-Magazins „Newsweek" anruft, der noch an seiner ersten Story über den Krieg arbeitet, die am folgenden Montag erscheinen soll. Mit beschwörender Stimme sagt Allon: „Ich gebe Ihnen mein Ehrenwort, mein persönliches und mein Wort als Minister, daß wir diesen Krieg nicht begonnen haben. Im Gegenteil; wir haben freiwillig darauf verzichtet, zuerst zuzuschlagen."

Spät an diesem Abend tritt Verteidigungs-Minister Moshe Dayan vor die Mikrophone. Er ist einer der wenigen Israelis, die zu dieser Stunde wissen, was an den beiden Kriegsschauplätzen wirklich los ist. Dayan räumt ein, daß „einige Stellungen aufgegeben werden mußten". Als erster wagt er es, den Israelis mitzuteilen, daß die Bar-Lev-Linie am Suez-Kanal (von hohen israelischen Offizieren oft als „sicherste Panzerfalle der Welt" bezeichnet) an mehreren Punkten von den Ägyptern überrannt worden ist. „Unsere Verteidigungs-Linien dort", aber meint Dayan, „sind so lang, daß ich mich gewundert hätte, wenn es den Ägyptern nicht gelungen wäre, Brücken zu schlagen und den Kanal zu überqueren."

Diese Mitteilungen sind ein nachhaltiger Schock für die Israelis. Jetzt wird ihnen klar, daß die Araber diesmal offenbar die israelischen Streitkräfte überrascht haben. Den Ägyptern ist allem Anschein nach in wenigen Stunden sogar der Sprung über den Kanal gelungen. „Ich glaubte zu träumen", erzählt ein Taxifahrer. „Ich rief sofort einen Freund an und der sagte mir, er habe noch nie etwas so Verrücktes gehört."

Aber Dayan beendet seine Ansprache mit ein paar Worten, die den Israelis nur allzu geläufig sind: „Wenn wir alle unsere Reserven mobilisiert haben, werden wir in der Lage sein, die Angreifer zu zerschmettern."

Was weder Dayan noch Golda Meir den Israelis sagen, ist die Tatsache, daß sich schwache israelische Kräfte in einer verzweifelten Lage befinden. Erst zwei Tage später bekennt ein Armee-Sprecher: „Dies ist die größte Abwehr-Schlacht, die Israels Streitkräfte je bestehen mußten."

Auf den Golan-Höhen greifen die Syrer mit fast 1 000 Panzern die israelischen Linien an. Ein Großteil des syrischen 120 000-Mann-Heeres steht im Golan-Gebiet. An drei Stellen sind den Angreifern empfindliche Durchbrüche gelungen. Panzer rollen in israelische Wehrsiedlungen auf dem Plateau, fast alle Dörfer auf den Golan-Höhen müssen noch in dieser Nacht überstürzt geräumt werden.

Zwischen den starken syrischen Angriffsspitzen und dem israelischen Herzland rund um den Genezareth-See liegen derart schwache israelische Kräfte, daß ein syrischer Panzer-Major seinen Soldaten über Funk verspricht: „Morgen baden wir unten im See."

Er hätte beinahe recht behalten . . .

Am Suez-Kanal befinden sich am ersten Abend zwei ägyptische Divisionen auf dem Ost-Ufer. Nur noch einzelne Bunker werden von den Israelis gehalten. Die Meldung, die Radio Kairo um 19.11 Uhr ausstrahlt, stimmt weitgehend: „Unsere glorreichen Streitkräfte halten fast das ganze Ostufer des Suez-Kanals besetzt."

Die meisten Deutschen erfahren den Kriegsausbruch aus den Abendnachrichten der Fernseh-Anstalten. Karl-Heinz Rudolph leitet die „Heute"-Sendung, seine Kommentatoren sagen fast übereinstimmend ein schnelles Ende des Krieges voraus. Sie befinden sich dabei in guter Gesellschaft — an einem schnellen Sieg Israels scheint niemand zu zweifeln.

Der Samstag war ein schöner Herbsttag in der Bundesrepublik. Belebte Autobahnen, volles Programm der Bundesliga. Köln gewinnt gegen Bayern München (4:3), Hannover schlägt Essen. Aus Watkins Glen in den USA kommt die Hiobsnachricht, daß François Cevert, der elegante französische Auto-Rennfahrer, beim Training tödlich verunglückt ist.

Der Wetterbericht ist vielversprechend. Am nächsten Tag ist auf der Autobahn München-Salzburg der Verkehr schon am Vormittag stockend. Tausende wollen den milden Herbsttag im Grünen verbringen. Aus den Auto-Radios klingen die Nachrichten über Nahost freilich nicht gut: Es wird erbittert gekämpft.

Aber jeder dieser Autofahrer hätte es für einen Witz gehalten, wenn ihm prophezeit worden wäre: „In sieben Wochen drohen dir ein paar hundert Mark Geldstrafe, wenn du dich sonntags ohne Sondergenehmigung ans Steuer setzt." Unvorstellbar, daß an einem Sonntag im November (und manchen, die noch folgen), die Autobahnen leergefegt sein werden, daß ein Berater Präsident Nixons seinen Landsleuten raten wird: „Kauft euch warme Pullover" und daß schließlich in ganz Europa die Angst grassiert, man müsse im Winter einmal richtig frieren. Aber viele von denen, die am Samstagabend, 6. Oktober, vor ihren Fernsehern sitzen und erfahren, daß ein neuer Krieg um Israel ausgebrochen ist, denken sich beruhigt: Eigentlich geht das alles mich nichts an ...

Die Pleite der Geheimdienste:

Alles gesehen
und nichts gemerkt

Hat das „Auge Davids" — wie Israels Spionage-
apparat genannt wird — einfach geschlafen? Oder wie
ist zu erklären, daß der arabische Schlag die israelischen Streitkräfte so unvorbereitet traf? Der gewaltige
Aufmarsch der Araber muß den Militärs bekanntge-
wesen sein — warum handelten sie nicht? Wäre es
überhaupt möglich gewesen, dem Angriff durch einen
Präventivschlag zuvorzukommen? Oder stand Israel
unter dem Druck der Vereinigten Staaten, die kategorisch verlangten: Diesmal greift ihr unter keinen
Umständen zuerst an, sonst . . .

Was ist wahr, was ist richtig? Diese Fragen sind
für die Israelis überlebenswichtig, diese Fragen haben das
Land schon am ersten Tag des Kriegs beschäftigt und
sie bewegen weiterhin die Öffentlichkeit. In der Knesset,
dem Parlament in Jerusalem, löste der Streit darüber
sogar ein Handgemenge zwischen Abgeordneten aus.
Inzwischen untersucht bereits ein Ausschuß, wer hier
versagt haben könnte. Vom Ergebnis seiner Recherchen
hängt viel ab — auch das weitere politische Schicksal
von mächtigen Leuten der Regierung.

Was aber konnte man tatsächlich wissen?

Um wenigstens dieses Fragezeichen nicht stehen
zu lassen: Daß arabische Soldaten aufmarschierten,
daß „die größte Panzerherde in der Geschichte des Na-

hen Ostens" — so die „Welt" — in Richtung der Waffenstillstandslinien rollte, daß die Araber ihre Luftabwehr verstärkten: das alles war bekannt.

Schließlich ist kein Kriegsschauplatz so gut überschaubar wie der im Nahen Osten. Und keiner wurde so gut überwacht — mit vielerlei Mitteln und Methoden, und zwar den teuersten und modernsten, die Moskaus und Washingtons Techniker anzubieten haben.

Auch das Auge Davids lieferte Einzelheiten in üppiger Fülle. Es hat seinen Ruf der Scharfsichtigkeit nicht zu Unrecht: Den Geheimagenten des Mossad, wie der Nachrichtendienst richtig heißt, ist einiges schon gelungen.

Das Spektakulärste für Europa war wohl die Entführung des SS-Obersturmbannführers Adolf Eichmann aus Argentinien. Für die arabische Welt mag indessen eindrucksvoller gewesen sein, daß die Kerle vom Mossad im Sechs-Tage-Krieg sogar ein Telefongespräch zwischen König Hussein von Jordanien und Ägyptens Staatschef Nasser anzapften und dann Journalisten vorspielten. Eine peinliche Geschichte für die Araberführer, hatten sie doch bei dieser Gelegenheit vereinbart, folgendes zu behaupten: „. . . daß amerikanische und englische Flugzeuge uns von ihren Flugzeugträgern aus angreifen."

Der Geheimdienst schickt seine Späher regelmäßig hinter die feindlichen Linien. Sie hören nicht nur mit, wie man weiß: Israels Geheimagenten holten sich jene Schnellboote aus dem französischen Hafen Cherbourg, die sich in diesem schwarzen Oktober sehr bewähren sollten, und sie bauten auch schon Radaranlagen in Ägypten ab. Sie töteten Palästinenser mitten in der libanesischen Hauptstadt Beirut und nicht nur dort. Geradezu panisch grassiert seitdem die Spionen-Furcht in den Ländern Arabiens.

Doch sind die Militärs im Nahen Osten keineswegs nur auf die Informationen der eigenen Geheimdienste angewiesen. Hoch über ihnen waren noch andere Augen geöffnet: die Kameraobjektive von Aufklärungssatelliten. „Auf beiden Seiten gibt es genug davon", sagen die Fachleute. Beide Seiten sind in diesem Fall die Vereinigten Staaten von Amerika und die Sowjetunion.

Nehmen wir die USA zuerst: Vor dem Oktober-Krieg bereits umkreisten zwei Satelliten der Samos-Serie auf einer Polarbahn die Erde. Der eine ist am 13. Juli gestartet, der andere am 27. September — und zumindest dieser ist ein „Großer Vogel", ein „Big Bird", wie er von den Technikern genannt wird.

Zwar überflog er den Nahen Osten nur alle sechs Tage, doch auch das reichte schon aus. Und „Big Bird" vermag allerhand zu erkennen. Der „Große Vogel" kann beispielsweise aus mehr als 160 Kilometer Höhe sogar einzelne Personen unterscheiden. Er sieht dabei weit mehr als ein leibhaftiger Spion auf der Erde. Die Kameras fotografieren sogar unsichtbare Schatten, sie können auf einer leeren Rollbahn anzeigen, wo vor einer Weile Flugzeuge gestartet sind. Das geht so: Der Erdsatellit ist fähig, aus 200 Kilometer Höhe noch Temperaturschwankungen von einem Zehntel Grad auf der Erde zu messen. Unter abgestellten Flugzeugen bleibt die Piste einige Zeit nach dem Start etwas kühler als einen Schritt daneben, wo die heiße Sonne der Wüste den Boden ungehindert aufheizt.

Der kühle Fleck wird von Infrarotkameras im „Big

Bird" aufgezeichnet, und das ergibt im Foto die Silhouette einer Maschine, die mittlerweile schon 1 000 Kilometer entfernt sein kann.

„Big Bird" hat bei seiner Arbeit versehentlich einige sowjetische Wissenschaftler kräftig irritiert. Er ließ sie beinahe an die Existenz von intelligenten Wesen auf anderen Sternen glauben.

So ist Mitte Oktober in den deutschen Zeitungen zu lesen: „Sowjetische Weltraumforscher haben nach einer Meldung der amtlichen Nachrichtenagentur TASS mysteriöse Funksignale aus dem Weltraum empfangen, die, so wird spekuliert, unter Umständen von außerirdischen Zivilisationen ausgestrahlt worden sein können."

Die Wissenschaftler waren leider auf der falschen Fährte. Die vermeintlich außerirdischen Signale stammten, so stellte sich heraus, von „Big Bird".

Ein Grund für den Irrtum: Der Satellit war dabei, seine gewohnte Bahn zu verlassen. Während des Kriegs versuchte Amerika ihn (und zwar am 15. Oktober) auf eine nah-östlichere Bahn zu bringen.

Über den Wolken ist noch ein anderer, ein pechschwarzer Aufklärer unterwegs, der den Krisenherd schon lange überwacht. Bei diesem Himmelsspion handelt es sich um ein amerikanisches Geheimflugzeug, das beste seiner Gattung. Das Ding heißt „SR 71" und hat seinen Namen angeblich durch einen Versprecher des früheren amerikanischen Präsidenten Lyndon Johnson erhalten.

Eigentlich sollte die Maschine „RS 71" genannt werden, wobei RS für „Reconnaissance-Strike" steht, was mit „Erkundungsschlag" nur grob übersetzt ist. Johnson vertauschte jedoch die Buchstaben, als er die Öffentlichkeit von der Existenz dieses Flugzeugs unterrichtete.

Darüber der deutsche Raketen- und Flugexperte Adalbert Bärwolf, der die Entwicklung in Amerika verfolgt hat. Er schrieb in der „Welt":

„Da das Pentagon" — Amerikas Verteidigungsministerium — „offenbar den Präsidenten nicht korrigieren wollte, ließ man es bei der Bezeichnung ‚SR 71' und begründete die Abkürzung mit ‚Strategic Reconnaissance'. Die ‚SR 71' ist das schnellste Kriegsflugzeug der Welt. Der mehr als 50 Tonnen schwere und rund 30 Meter lange Aufklärer kann weltweit jedes Ziel erreichen. Die pechschwarze Maschine" — die dunkle Farbe verhindert, daß der Aufklärer im Sonnenlicht aufblitzt — „ist doppelsitzig und hat die Form eines Dolches. Die Dauergeschwindigkeit liegt weit über 3 000 Kilometer in der Stunde. Mit dieser Geschwindigkeit und der Einsatzhöhe von 25 000 Metern kann der Aufklärer von keinem bekannten Abwehrsystem wirksam bekämpft werden." Auch nicht von den im Nahen Osten so bewährten russischen SAM-Raketen . . .

Sicher ist, daß die Sowjets bei solcherlei Aufklärungskünsten den Amerikanern wahrscheinlich nicht sehr unterlegen sind — nicht bei der Qualität und schon gar nicht bei der Quantität.

Und da war und ist einiges unterwegs, was irgendwo den Herkunftsvermerk „UdSSR" trägt:

Schon am 3. Oktober, drei Tage vor dem Ausbruch der Schlachten, ging Aufklärungssatellit „Cosmos 596" in die Kreisbahn um die Erde. Dann erlebte der sowjetische Weltraum-Bahnhof Plesetsk ein wahres Feuerwerk. Ein Schuß folgte dem anderen so rasch, daß ein deutscher Experte staunend meinte: „Die Russen müssen die Raketen wie die Würstchen bereit gelegt haben — eine neben der anderen."

Am 6. Oktober geht „Cosmos 597" hoch. Ihm nach fliegt am 10. Oktober der Späher mit der laufenden Nummer 598. Der nächste Schuß wird am 15. Oktober registriert. Das ist „Cosmos 599". Anfang November sind die Satellitenzähler bereits bei Cosmos Nr. 607 angelangt — wobei nicht alle davon militärische Beobachter sind. Mindestens zwei davon treiben Wetterforschung.

Die anderen werden hübsch hintereinander placiert, so daß alle 45 Minuten einer über dem Kriegsschauplatz auftaucht. Zur besten Fotografierzeit, um die Mittagsstunde ist gleichfalls an den kritischen Tagen immer einer von ihnen zur Stelle.

Bisher hat die Sowjetunion ihre fliegenden Kameras meist nach zwölf oder dreizehn Tagen zur Erde zurückgeholt. Die Funkbilder, die sie senden, sind nicht von der erwünschten Qualität. Originale werden immer besser — und dazu läßt man die Cosmos-Spione in Kasakstan weich zur Bergung der Filme landen.

Im Oktober bleiben jedoch „Cosmos 596", „597" und „598" nur jeweils sechs Tage am Himmel. Man hat es eiliger mit dem Zurückholen und mit dem Entwickeln. Moskau wird diese Bilder kaum für sich behalten haben. Auch Washington hat seine Fotos den Verbündeten gewiß nicht vorenthalten. Jerusalem wie Kairo und Damaskus werden erfahren haben, was sie erfahren mußten.

Doch gleich, woher die Informationen stammen: ob von „Cosmos" oder von „Big Bird", von „SR 71" oder von Kommandotrupps und von der kleinen DO-Maschine, mit der Israel auch seine Grenzen abflog: Die Beweise für die Aufmärsche lagen vor, Dayan wußte alles, und einiges hat er auch gesagt — schon 10 Tage vor dem Krieg. Dayan berichtete damals öffentlich von großen Truppenbewegungen auf den Golan-Höhen, „wo die syrische Armee Hunderte von Panzern massiert und ein Raketensystem ähnlich dem aufbaut, was die Russen für die Ägypter am Kanal errichtet haben".

Aus dem Wissen die richtigen Schlüsse zu ziehen, ist allerdings eine andere Sache. Dazu sagt erklärend — oder entschuldigend, wie man es nimmt — ein Geheimdienstmann:

„Wir können lediglich die Nachrichten beschaffen und sagen, welche Möglichkeiten der Gegner hat. Wozu er sich dann wirklich entschließt, das ist nicht zu ermitteln." Und der arabische Entschluß zum Krieg sei, so wird gesagt, im engsten Kreise gefaßt worden.

König Hussein war nicht eingeweiht

Die Vorbereitungen zu diesem Krieg haben sechs Jahre gedauert, der Angriffs-Termin lag seit vier Wochen fest. „Nur zwei Männer haben alles gewußt", sagt Ägyptens Kriegsminister Achmed Ismail. „Präsident Sadat und ich." Nicht einmal Hussein habe von den Plänen — das heißt vom genauen Datum — gewußt.

Seit vielen Wochen schon liefen zwischen dem syrischen und dem ägyptischen Generalstab Verhandlungen über die günstigste Tageszeit für den gemeinsamen Angriff. Die Syrer wollten am frühen Morgen losschlagen —

weil sie dann die Sonne im Rücken hatten. Ein Vorteil vor allem für die Luftwaffe, die von der Abwehr dann schwerer auszumachen ist.

Die Ägypter plädierten für den frühen Nachmittag, dann würde in der Kanal-Region für sie die Sonne günstig stehen. Kairo setzte sich durch, alle Planungen der Militärs wurden auf 14 Uhr eingestellt. Aber noch fehlte das genaue Angriffs-Datum.

Am 30. September übermittelte Ismail den Codenamen nach Damaskus, den der bevorstehende Krieg erhalten sollte: „Badr". So hieß der Ort, an dem der Prophet Mohammed vor 1 400 Jahren seine erste Schlacht schlug. Am 2. Oktober, also vier Tage vor Ausbruch des Krieges, kam Ismail selbst nach Damaskus. Er teilte Staatspräsident Hafez El-Assad mit, daß am 6. Oktober, 14 Uhr, der gemeinsame Angriff beginnen solle.

„Wir haben diesen Tag gewählt", sagt Ismail, „weil für die Nacht danach heller Mondschein erwartet wurde." Das war wichtig für den Bau jener Brücken, über die Ägyptens Panzer auf die Sinai-Halbinsel rollen sollten. „Außerdem war an diesem Tag die Strömung im Kanal günstig für unsere ersten Angriffs-Wellen, die in Schlauchbooten über das Wasser kommen sollten."

Kriegsminister Achmed Ismail verhehlt seine Genugtuung darüber nicht, daß der gigantische Aufmarsch der beiden Armeen den israelischen Generalstab nicht zu umfangreicheren Abwehr-Maßnahmen veranlaßt habe. „Nach 24 Stunden hatten wir fünf Divisionen über dem Kanal", meint er. „Das ist einmalig in der bisherigen Kriegsgeschichte."

Aus bekannten Tatsachen wurden auf jeden Fall in

Israel nicht die richtigen Schlußfolgerungen gezogen. Bis zuletzt glaubte man Sadat auch nicht das Säbelrasseln im Oktober — zumal er in der Öffentlichkeit ziemlich leise rasselte. Vor dem Sechs-Tage-Krieg überschlugen sich die arabischen Sender mit Drohungen — diesmal blieben sie still. Kein Kriegsgeschrei — nichts, was nach arabischem Theaterdonner, nach Einschüchterungsgeschrei geklungen hätte. Daß es nicht an Wissen, sondern nur an zutreffenden Einschätzungen mangelte, sagt auch Henry Kissinger, nur formuliert er das diplomatisch-umständlich:

„Erstens, was unser Wissen vor Ausbruch der Kampfhandlungen anbetrifft: In der Woche vor dem Ausbruch der Kampfhandlungen waren sich die Vereinigten Staaten darüber im klaren, daß es eine weitere Konzentration der syrischen Streitkräfte gab. Und wir wußten ferner, daß die ägyptischen Truppen — wie sowohl unser als auch der israelische Geheimdienst dies auslegten — sich in ihren regulären Herbstmanövern befanden. Bei drei verschiedenen Gelegenheiten während der Woche vor dem Ausbruch der Kampfhandlungen ersuchten wir unseren eigenen wie auch den israelischen Geheimdienst um ihre Beurteilung der möglichen Geschehnisse."

Jedesmal wurde daneben getippt.

Henry Kissinger: „Es bestand die einheitliche Meinung, daß Feindseligkeiten unwahrscheinlich wären. Auch wurde die Möglichkeit von Feindseligkeiten in keiner der Diskussionen, die mit den beiden Parteien im Rahmen der Vereinten Nationen in der letzten Woche geführt wurden, aufgeworfen."

Für Kissinger ist die Situation klar: „Unter diesen

Umständen hatten die Vereinigten Staaten keinerlei Gelegenheit, irgendein Land zu warnen. Die Vereinigten Staaten gaben daher in der Woche vor dem Ausbruch der Feindseligkeiten keinerlei Ratschlag hinsichtlich eines Eventualfalles, der — wie man uns übereinstimmend versichert hatte —, nicht eintreten dürfte, ja sicher nicht eintreten würde."

Hat man also schlicht angenommen, daß nicht sein kann, was nicht sein darf? Wer ist dafür verantwortlich?

Die israelische Regierung geht der Diskussion darüber augenfällig aus dem Weg. Das ist in der Zeitschrift „Haolam Haseh" — zu deutsch: „Diese Welt" — deutlich zu sehen, wenn man es auch nicht lesen darf. Das oppositionelle Blatt, das als israelischer „Spiegel" gilt, stellte sich und seinen Lesern die Frage:

„Wer ist verantwortlich für die Bewertung der Geheimdienst-Informationen über die Wahrscheinlichkeit eines Krieges?"

„Haolam Haseh" wollte darauf auch eine Antwort geben und Namen nennen. Hart und gerecht. So liest man in „Dieser Welt":

„Militärisch liegt die Verantwortung bei . . ." Aus — nach dem letzten Wort folgt ein weißer Fleck in der Zeitung, eine leere Zeile.

Was dort veröffentlicht werden sollte, hat der Zensor, dem jeder in Israel erscheinende Artikel vorgelegt werden muß, glatt gestrichen. Aus Trotz vielleicht, oder weil keine Zeit mehr blieb, um die Lücke vor Druckbeginn auszufüllen, läßt „Haolam Haseh" den weißen Fleck in der Zeitung leuchten. Seht her, scheint er zu sagen, wovor man hier Angst hat!

Sadats Tricks hatten auf jeden Fall Verwirrung ge-
stiftet. So gründlich fühlen sich die Israelis getäuscht,
daß sie im Spott über sich selbst sagen:

„Sadat hat offenbar von uns die Propaganda gelernt.
Und wir von ihm die Kriegsführung."

*

Schreckens-Nacht
an allen Fronten

Tel Aviv gewöhnt sich an diesem Samstagabend nur
zögernd an den neuen Krieg. Als die Dämmerung hereinbricht, flammen Leuchtreklamen automatisch auf, sind
plötzlich die Fenster geschlossener Cafés hell erleuchtet.
Niemand hat daran gedacht, die automatischen Lichtschalter abzustellen. Der Krieg ist ein bißchen zu überraschend gekommen.

In jener Nacht bewegen sich mit abgeblendeten Lich-
tern endlose Züge an die Fronten im Süden und im
Norden des Landes. Soldaten in Lastwagen, in Omni-
bussen der Firmen „Egged" und „Dan", die noch am
Tag zuvor Touristen durch das Heilige Land geschaukelt
haben; jetzt vollgeladen mit Reservisten, die eilig be-
nachrichtigt wurden.

Es ist schon eine seltsame Armee, die da in den Krieg
zieht. Der Student zusammen mit einem Taxi-Fahrer,
der Finanzbeamte zusammen mit den Playboys, die
sonst die Strände und die Dizengoffstraße unsicher
machen.

Sie tragen Turnschuhe und Halbschuhe, Wollmützen
oder Stahlhelme, Sporthemden mit dem Aufdruck „Make
love, not war" oder bunte Shorts. Kein Offizier wird
bei diesem Anblick die Nase rümpfen. Die Uniform ist
in Israel ein Arbeitskleid für traurige Gelegenheiten.
Nötig, seit es diesen Staat gibt.

Die Israelis haben nie viel Aufhebens um ihre Uniformen gemacht. Kein Vorgesetzter, der etwa auf die Idee käme, offene Knöpfe an der Bluse oder ungenügendes Schuhwerk zu monieren. Als die Ägypter die ersten Israelis am Kanal gefangennehmen, meinte ein Militär-Kommentator im Radio Kairo: „Wir kämpfen gegen eine Hippie-Armee." Soldaten mit langen Haaren, die in Turnschuhen in den Krieg ziehen, das ist eines der Bilder, die so gar nicht in die ägyptische Vorstellung der gefürchteten israelischen Armee passen.

Aber gerade das ist eines der Geheimnisse dieser Armee. Strammes Salutieren ist hier eine unbekannte Geste; man kennt sich mit Vornamen und so spricht man einander auch an. Quer durch alle Dienstgrade, im Frieden und vor allem im Krieg.

Zwischen den Tiefladern mit aufgebockten Tanks fahren Sportwagen an die Fronten, Wäsche-Autos, Taxis, Motorräder. Es kommt nur darauf an, nach dem Aufruf schnell an den Sammelplätzen zu sein — gleich wie. Später wird keiner danach fragen, wie man dorthin gelangt ist. Sogar gestohlene Autos wurden später an den Sammelplätzen gefunden — so sehr hat es manchen Soldaten geeilt, an die Front zu kommen.

Im Norden, rund um den See Genezareth, liegen die Kibbutzim total verdunkelt im Tal. Schon am Nachmittag haben die ersten dieser Wehrsiedlungen im Hule-Tal Frauen und Kinder aufgenommen, die in abenteuerlichen Aktionen aus den Golan-Siedlungen evakuiert wurden. Weitreichende syrische Artillerie hat sofort nach Kriegsbeginn diese Dörfer beschossen. „Wir sind es gewöhnt, im Unterstand zu leben", erzählt eine Mutter von drei Kindern, die mit einem gepanzerten Armee-Wagen aus ihrem Golan-Dorf gerettet wurde, „aber dieses Bombardement war die Hölle. In unserem Dorf blieb kein Stein auf dem anderen."

Von der Stadt Tiberias aus sehen die Bewohner über dem See auf die tödlichen Blitze der Artillerieduelle. Dort oben an den syrisch-israelischen Waffenstillstands-Linien ist seit 1967 oft geschossen worden, eigentlich immer wieder.

Aber die Menschen, die in dieser Nacht von ihren Balkons aus und durch ihre Fenster nach Osten blicken, merken schnell, daß sie diesmal etwas anderes beobachten: die Blitze sind heller als sonst, das Grollen viel deutlicher zu hören, die Einschläge bis nach Tiberias zu spüren. Die Fronten sind näher gerückt — die Syrer sind auf dem Vormarsch.

Dies ist für die israelischen Militärs die letzte Überraschung dieses langen, qualvollen Tages. Die Araber zerstören eine Legende, die sich im israelischen Denken gefährlich festgesetzt hat und die etwa lautet: Araber kämpfen nicht in der Nacht. Kaum hat die Dämmerung eingesetzt, rollen durch drei Einbruchstellen weitere Panzer, motorisierte Infanterie, mobile Raketen-Batterien. Gelegentlich wird die Flucht der Siedler vom Plateau zu einer Wettfahrt mit syrischen Panzern. „Wir fuhren", erzählt ein Kibbutz-Bewohner „auf einem Feldweg und hielten uns im Schatten von drei Panzern, die auf der Parallelstraße in dieselbe Richtung rollten: Wir glaubten natürlich, das seien unsere Tanks und wir fühlten uns sehr sicher. Plötzlich explodierte der erste Panzer und kippte von der Straße. Erst dann merkte ich, daß wir die ganze Zeit neben Syrern gefahren waren."

Alle 17 israelischen Siedlungen auf den Golan-Höhen

müssen überstürzt geräumt werden. Das Dorf Ramat Hamagshimun wird von den Syrern 30 Stunden lang besetzt gehalten. Bei der Rückeroberung wird das Dorf fast vollständig zerstört — durch die eigene Artillerie.

Am Kanal haben die Ägypter bis zum Abend festen Fuß gefaßt. Westliche Geheimdienste in Israel haben sich lange vorher bei einem Planspiel ausgerechnet, daß Sadats Truppen mindestens elf Brücken benötigen würden, um genügend Truppen über den Wasserlauf zu bringen. Genau so viele werden gebaut. Über sie rollt in einem ununterbrochenen Strom das schwere Material für die Dritte ägyptische Armee im Süden und für die Zweite im Norden bei El Kantara. Die ersten israelischen Verstärkungen, die in der Nacht den Kanal erreichen, geraten schnell in Hinterhalte, die von den Ägyptern in der Wüste gelegt wurden.

Der Panzer des 20jährigen Fähnrichs Amnon wird um Mitternacht fünf Kilometer vom Kanal entfernt von einer Rakete getroffen. Er kann das Feuer selbst löschen, aber der Tank liegt bewegungslos im Sand. Seine Besatzung ist unversehrt, die beiden anderen Panzer, die er nach vorne führen soll, sind noch intakt.

„Plötzlich stieg eine Leucht-Rakete in den Himmel und dann sah ich sie: Hunderte von Ägyptern, die sich hinter einer flachen Sanddüne eingegraben haben."

Aus 80 Metern Entfernung eröffnet Amnon mit dem funktionierenden Panzer-MG das Feuer auf die Ägypter. Dann steigt er in den zweiten Panzer um und steuert auf den Gegner zu. Fast gleichzeitig wird sein Tank von vier Raketen getroffen. Der Leutnant, der offen in seinem Turm steht, wird verletzt. Er ruft noch seinem Fahrer zu: „Hinein in die Gräben. Überrolle sie, roll' in die Gräben."

Die Ägypter ziehen sich zurück. „Manche", erzählt Amnon, „waren nur drei Meter von meinem Tank entfernt." Er schießt mit seiner UZI-Maschinen-Pistole auf die Fliehenden. Aber die Ägypter organisieren in der Dunkelheit eine neue Linie. Amnon wird mit einer schweren Schulterverletzung nach hinten gebracht.

Rund einen Kilometer vom Kanal entfernt wird gegen 22 Uhr ein Panzer schwer getroffen. „Ich hatte zunächst keine Ahnung, wo das Ding herkam", erzählt der 22-jährige Kanonier. Das Geschoß — eine Rakete — riß den Turm vom Tank herunter, der Kommandant war sofort tot. Erst als die Besatzung aus dem brennenden Wrack geklettert ist, entdeckt der Kanonier die Angreifer. Es sind ägyptische Panzer vom neuesten sowjetischen Typ T-62, die am anderen Ufer des Kanals auf hohen Rampen stehen, um wie Artillerie über die Sandböschung hinweg schießend die israelischen Reserven aufzuhalten.

Irrmarsch durch die Wüste

Verwirrung herrscht unter vielen Soldaten, die an den Kanal-Bunkern überrascht werden. „Als Bild auf einer Zigarettenpackung sind ja Sanddünen ganz hübsch", erinnert sich ein Soldat an diese Nacht. „Aber wenn man durch sie hindurch muß, dann scheint es so, als ob die verdammten Dünen nie ein Ende finden." Er ist einer von denen, die sich in der Nacht absetzen müssen — zurück vom Kanal zu den eigenen Stellungen; fünf, zehn oder mehr Kilometer durch die feindlichen Linien hindurch, oft vorbei an Truppen, die nicht zu identifizieren sind. An Panzern, die kilometerlange

Sandwolken aufwirbeln, durch tiefe Wadis, aus denen plötzlich geschossen wird. Wer soll im Dunkeln und im Dreck schon erkennen, ob dort ein Feind liegt oder ein Freund?

Sanitätswagen gibt es noch nicht an der Front. Panzer laden Verwundete auf und nehmen sie mit — manchmal nach vorn. Immer noch besser als liegenbleiben. Es ist bei den Israelis Tradition, Verletzte nicht zurückzulassen. Das ist bei Kommando-Unternehmen im feindlichen Hinterland verständlich. Das ist jedem Soldaten auch in Kriegen so sehr in Fleisch und Blut übergegangen, daß es oft zu Verlusten kam, nur weil ein paar Soldaten ihren verletzten Kameraden aus dem Feuer ziehen wollten.

Aber in seinen bisherigen Kriegen hat Israel immer gesiegt; Rückzug war etwas, das Dayans Soldaten eigentlich nur aus Erzählungen der Väter oder Großväter aus dem Unabhängigkeitskrieg von 1948 kannten. Jetzt lernten sie dieses Gefühl zum ersten Male wirklich kennen.

In einem Bunker hockt der 20jährige Tank-Kommandant Eyal aus Ramat Hasharon, auch er wird von der Militärzeitschrift „Bamahane" zu einem der ersten Helden dieses Tages erklärt. Sein Panzer ist zerschossen — deshalb sucht er in einer Stellung Schutz.

„Nachts um elf Uhr wurde uns befohlen, den Posten zu räumen. Wir sollten uns in Richtung der Sümpfe im Nordabschnitt des Kanals absetzen. Der Feind hatte einen Riecher, daß wir ohne Schutz waren und eröffnete das Feuer."

Eyal und 42 Soldaten ziehen sich in die Stadt El Kantara zurück. „Unsere Marschbefehle waren nicht sehr klar. Wir versteckten uns in einem der verlassenen Häuser, haben hin und her überlegt und kamen zu dem Entschluß: das beste ist, nach Norden auszubrechen. Wir versuchten es — und wieder wurden wir überfallen. Die Ägypter schossen aus dreißig bis vierzig Meter Entfernung auf uns. Wir gingen in Deckung und ich glaubte: Das ist das Ende.

Ein herrenloser Hund, der sich mit uns angefreundet hatte, blieb mir auf den Fersen. Er wurde später getroffen und fiel mir zusammengekrümmt über die Beine. Noch einmal zogen wir uns zurück nach Kantara. Plötzlich hörten wir einen Lastwagen heranfahren."

Doch die Hoffnung, nun gerettet zu sein, ist kurz: „Der Laster war voller ägyptischer Soldaten. Zuletzt versteckten wir uns im Friedhof von Kantara. Der Kommandant unserer Gruppe, der fast unmenschlich ruhig und gesammelt blieb, fand einen Pfad in die Sümpfe. Obwohl wir dicht an ägyptischen Tanks und Artilleriestellungen vorbeimarschierten, blieben wir unentdeckt." Sie hocken die ganze Nacht in den Sümpfen.

Am anderen Tag hören Eyal und die anderen Soldaten wieder Panzer herandröhnen. Diesmal sind es Fahrzeuge der Israelis. Aber wie sollen sie sich den eigenen Soldaten zu erkennen geben? Würden die Panzerschützen nicht sofort schießen, wenn eine Soldatengruppe auf sie zurennt?

Das Ende des Irrmarsches mag ein bißchen auf den Geschmack frommer Juden abgestimmt sein. Doch es klingt glaubwürdig: „Einer unserer Jungs hatte ein Gebetstuch" — das man bei Gottesdiensten umlegt — „in der Tasche. Damit winkte er. Und wir wurden erkannt." Die Reste des kleinen Trupps werden evakuiert.

In den Abendstunden hat Moshe Dayan über den Rundfunk erklärt: „Die Leute von Tel Aviv können in dieser Nacht beruhigt schlafen." Mit diesem Satz übergeht er eines der vielen Geheimnisse dieses Krieges. Wäre die Aktion, die im Anschluß geschildert wird, geglückt — dieser Krieg hätte eine weitere, schreckliche Dimension erhalten.

Die meisten Israelis erfahren den Zwischenfall erst viel später, nämlich dann, als Außenminister Abba Eban im Sicherheitsrat der Vereinten Nationen einige Details verrät: Am 6. Oktober befand sich eine Rakete im Anflug auf Tel Aviv — eine AS-5-Kelt.

Dieses Geschoß ist sowjetischer Herkunft, es ist eine Luft-Boden-Rakete: Einer der riesigen Langstrecken-Bomber vom Typ TU-16, von denen die Sowjets den Ägyptern ein knappes Dutzend geliefert haben, muß diese Rakete — weit von den israelischen Ufern entfernt — ausgeklinkt haben.

Auf den israelischen Radarschirmen erscheint die fliegende Bombe als Lichtpunkt. Die AS-5-Kelt — sie sieht aus wie ein kleines Flugzeug — ist rund neun Meter lang, ihre Tragflächen haben eine Spannweite von 4,6 Metern. Von Experten wird sie ähnlich wie die V-1-Waffen der Deutschen gegen Ende des Zweiten Weltkrieges beschrieben. Nur viel schneller ist sie und in der Lage, einen Spreng-Kopf bis 750 Kilogramm über Hunderte von Kilometern ins Ziel zu bringen.

Der anfliegenden Rakete werden Phantom-Jagdbomber entgegengeschickt. „Durch einen Akt fliegerischer Kunstfertigkeit" sagt Abba Eban, „gelang es einem Piloten, die Rakete zu vernichten." Es darf kein Zweifel daran bestehen, daß der Luftkrieg mit grausamer Konsequenz auf die arabische Zivilbevölkerung ausgedehnt worden wäre, wenn diese Rakete bis Tel Aviv durchgebrochen wäre.

Israels Piloten werden gejagt

Am nächsten Morgen, es ist der Sonntag, greift Israels Luftwaffe seit dem Morgengrauen die Angriffs-Spitzen und Versorgungs-Konvois der Syrer auf dem Golan-Plateau in pausenlosen Einsätzen an. Aber die Syrer haben während der Nacht umgebaut, sie haben ihre mobilen Rampen für die SAM-6-Raketen nach vorne verschoben. Lange weiße Schweife hinter sich herziehend, zeichnen sie geometrisch-klare Muster in den Himmel, explodieren in einer weißen Wolke. Das bedeutet Fehlschuß. Ist die Explosionswolke schwarz, hat die Rakete ein Ziel gefunden. Die Mirage- und Phantom-Maschinen fliegen oft nur in wenigen Metern Höhe über das Plateau, legen tödliche Mauern aus Napalm und panzerbrechende Bomben auf die vorrückenden Tanks.

Um zehn Uhr morgens, nach 20 Stunden verzweifelter Abwehr-Schlacht, kann General Itzhak Hofi, Befehlshaber der kritischen Nordfront, in seinem Unterstand am See Genezareth sagen: „Die Situation bessert sich. Die Offensive ist gestoppt." 20 Stunden lang hat Hofi seinen Befehlsstand nicht verlassen, 20 Stunden kehrt er der großen Landkarte, die in seinem Stand hängt, nicht den Rücken. Jetzt lächelt er zum ersten Male, fährt sich mit einem Kamm durch die Haare.

Aber es gibt keine Freudenszenen in dem Befehlsbunker, kein Toast wird ausgebracht. Zu groß ist hier die Spannung, zu gefährlich noch immer die Situation.

Hofi und seine Männer wissen, daß es hier, an ihrer Front, beinahe zu einer Katastrophe gekommen wäre. Nur wenige Kilometer vor dem israelischen Herzland konnte der syrische Angriff gestoppt werden. Die Tanks sind im Zentralabschnitt beinahe bis an den Rand des Golan-Plateaus gestoßen, von wo aus syrische Batterien und Scharfschützen bis 1967 die darunterliegenden Kibbutzim im Hule-Tal beschossen hatten.

Als israelische Soldaten einen verletzten syrischen Offizier aus seinem Tank holen, sagt der ihnen: „Ich sollte diesen Punkt eigentlich erst zwölf Stunden später erreichen. Wir hatten uns den Vormarsch schwerer vorgestellt."

Die Panzereinheit dieses Offiziers blieb am frühen Morgen dieses Tages nur sechs Kilometer vor der Bnot-Jacov-Brücke, die über den Jordan führt, liegen. Er war zu schnell vorgerückt und er bekam keine Befehle, wohin er seine Tanks weiter lenken sollte. Wäre er die Höhen hinuntergefahren, er wäre vielleicht der erste Syrer gewesen, der einen israelischen Kibbutz erobert hat.

Von der Bnot-Jacov-Brücke ist es nur ein Katzensprung zu dem Kibbutz Gadot, und von dort aus wäre es ein leichtes gewesen, das Obere Galiläa vom Rest des Landes abzuschneiden.

Aber jetzt, in den späten Vormittagsstunden, konnte Hofi die ersten Reserve-Einheiten über die gewundene Straße auf die Höhen kommen lassen. Das Schlimmste war abgewendet, aber die Gefahr noch lange nicht gebannt.

Beim ersten Gegenstoß fallen den Israelis ein paar

Exemplare jener Panzer in die Hände, von denen die Militärs im Westen bisher wenig wußten, über die man viel munkelte und die am Vortag in Sinai einen israelischen Panzerkommandanten zu dem verwunderten Funkspruch zwangen: „Die sind uns an Schußkraft und Beweglichkeit überlegen." Er spricht von den neuesten Tanks aus der sowjetischen Produktion — den T-62.

Den ersten, den israelische Infanteristen zerschossen und noch schwarz qualmend hinter einer Felsdeckung finden, untersuchen sie sofort und gründlich. „Alles war ganz neu", sagt einer. „Alles frisch gestrichen und alles auf russisch. Nur die Verpflegung nicht, die war arabisch." Der Kilometer-Zähler war bei 40 Kilometern eingerastet. „Der muß aus einer russischen Fabrik direkt an die Front gebracht worden sein. Die Panzerfahrer haben sofort Fragen: Wo ist der T-62 am verwundbarsten, wo seine schwache Stelle? Wo ist seine Munition gelagert, wo steckt die Elektronik? Sie wollen wissen, wohin sie zielen müssen.

An diesem Tag gibt Avraham Mendler, Kommandeur der Panzertruppen in der Sinai-Halbinsel den letzten Tagesbefehl seines Lebens. Er sagt: „Bevor dieser Tag zu Ende geht, wird die volle Macht unserer Panzer, Luftwaffe und Artillerie zum Tragen kommen und den Feind erbarmungslos zerschmettern." General Mendler, gebürtiger Linzer, wird die volle Verwirklichung dieses Tagesbefehls nicht erleben. Er stirbt wenige Tage später, nachdem ein Volltreffer seinen Kommando-Wagen zerrissen hat.

Bis zum Morgengrauen des Sonntags haben die Ägypter über mindestens elf Übergänge, die von den Israelis zerstört und in kurzer Zeit von den ägyptischen

Pionieren wieder repariert wurden, fast 500 Tanks auf das andere Ufer gebracht. Den Großteil davon bei Ismailia, am Mittelabschnitt des Kanals sowie bei Shalufa und El Kubai im Süden. Damit sind die Pläne der Angreifer klar zu erkennen: der erste Stoß der Panzerkräfte wird sich gegen die Pässe Mitla, Gidi und Khatmia (auch Ismailia-Paß genannt) richten. Auf der Sinai-Halbinsel waren bisher alle Kriege zwischen den Israelis und den Arabern durch die Landschaft und die Verbindungswege klar vorgezeichnet. Vom Suez-Kanal führen nur wenige Straßen durch diese Wüste mit ihren unwegsamen Dünen, ausgedehnten Sümpfen und unpassierbaren Gebirgen. Im Norden die Küsten-straße am Mittelmeer entlang über El Arish und dem Gaza-Streifen direkt nach Israel. Hier bleiben die Ägyp-ter nach ersten Vorstößen überraschend defensiv. Sie setzen lediglich mit Hubschraubern Kommando-Trupps ab, die den Nachschub aus dem Hinterland in Richtung Kanal stören sollen.

Von Ismailia aus, bis 1967 Sitz der Suez-Kanal-Verwaltung, führt eine Straße über den Khatmia-Paß in das Innere des Sinai, direkt nach Bir Gifgafa, einer Oase mit riesigem Militär-Flugplatz und dem Haupt-quartier für die israelische Sinai-Armee.

Das wichtigste Tor in die Wüste aber führt über den Mitla-Paß — in beiden Richtungen übrigens. Zu Beginn der Sinai-Kampagne von 1956 besetzten israelische Fall-schirmjäger sofort die Paß-Höhe und hatten damit Nas-sers Armee in der Falle. Im Sechs-Tage-Krieg fast das-selbe: Israelische Panzereinheiten blockieren den Paß — Israels Luftwaffe vernichtet auf den langen Zufahrts-straßen Nassers fliehende Armee. Noch heute stehen zu beiden Seiten der Straße die zerfetzten Wracks von Ägyptens Armee.

Gleich am Sonntag suchen die Ägypter, den Mitla-Paß in ihre Hand zu bekommen. Sie haben von den Israelis vieles gelernt und sie haben schon in den ersten Kriegsstunden Kommando-Trupps dorthin in Marsch gesetzt. Die meisten Hubschrauber aber, die 30 bis 35 Kommando-Soldaten an Bord hatten, werden von israelischen „Phantoms" abgeschossen, bevor sie ihr Ziel erreichen. „Wir wurden von einer Rakete getroffen", sagt ein Pilot, der den Absturz überlebt und mit schweren Brandverletzungen drei Tage lang durch die Wüste irrt. „In meinem Hubschrauber explodierte sofort der Sprengstoff, den wir an Bord hatten. Der ganze hintere Teil wurde abgerissen und die Soldaten stürzten ins Leere."

Der Panzervorstoß auf den Mitla-Paß wird von den Ägyptern mit großem Elan gestartet. „Unsere Panzer", erzählt ein Israeli, „stürmten ihnen entgegen und eröffneten das Feuer. Aber die Ägypter gerieten nicht in Panik. Sie fächerten in Gefechts-Formation aus und beschossen uns mit panzerbrechenden Waffen. Auch hier stehen den Israelis nicht mehr jene Soldaten gegenüber, die 1967 von ihren Offizieren im Stich gelassen in der Wüste herumirrten. „Da sitzt eine ganz neue Generation im Tank", meint respektvoll ein Offizier.

Der Angriff kommt erst wenige Kilometer vor dem Paß zum Stehen. Die 190. gepanzerte Brigade unter Major Assaf Yagouri kann über den Paß herangebracht werden; die Ägypter erfahren zu spät, daß ihre Kommando-Trupps den Mitla-Paß nie erreicht haben.

An diesem Abend wird im ägyptischen Fernsehen

ein Zwei-Minuten-Film gezeigt, der den stolzesten Moment in der modernen arabischen Geschichte wiedergibt: Die Überquerung des Suez-Kanals und die Hissung der ägyptischen Flagge auf den Ruinen eines israelischen Bunkers.

Bisher sind die Menschen in Kairo eher zurückhaltend den Siegesmeldungen von Radio Kairo gefolgt. „Hoffentlich endet diesmal für uns alles gut", ist der Tenor dieser Gespräche. Keine ekstatischen Begeisterungs-Stürme, wie sie Nasser noch 1967 zu wecken verstand. Zu gut erinnern sich die Ägypter der schmachvollen Ernüchterung, als der Präsident ihnen inmitten des Siegesgeschreis mitteilen mußte: Wir sind geschlagen, die Zionisten stehen am Kanal.

Es gibt keine Fernseh-Station in der arabischen Welt, die diesen Zwei-Minuten-Film nicht ausstrahlt. Am hellen Tag haben die Kamera-Leute diese Szenen aufgenommen: Über die Pontonbrücken rollen Panzer, die Kommandanten winken hocherhoben aus dem Turm; Lastwagen mit jubelnden Infanteristen, ein Major, der die zwei Finger seiner Hand zu einem „V" spreizt, dem überall verständlichen Zeichen für „Victory", für „Sieg" also. Von israelischer Gegenwehr ist auf den Bildern nichts zu entdecken. Es wirkt alles wie ein Manöver; aber alle Araber fühlen: Das ist der Moment, auf den wir so lange warten mußten.

Gleich darauf werden Fotos aus Damaskus eingeblendet, die Wrackteile abgeschossener Mirage- und Phantom-Maschinen gezeigt. Mit Tiefladern haben die Syrer die zerfetzten Bleche und Motorenreste in ihre Hauptstadt gebracht, um damit zu beweisen: Auch der israelische Erzfeind ist verwundbar, sehr verwundbar sogar.

Im Fernseh-Hochhaus am Nilufer in Kairo sind westliche Korrespondenten Zeugen, als die ersten israelischen
Kriegsgefangenen vorgeführt werden. Beide leicht verwundet, beide in ägyptischen Sandalen. Sie haben ihre
Schuhe bei der Flucht weggeworfen, behauptet der ägyptische Begleitoffizier, um schneller weglaufen zu können.
Eine schnelle Retourkutsche für israelische Behaup-
tungen, 1967 seien die Ägypter barfuß geflohen.

Was aber in Israel einen nachhaltigen Schock aus-
löst (die Israelis können das jordanische und libanesische Programm empfangen), ist das Auftreten eines
Kriegsgefangenen im ägyptischen Fernsehen: Er kriti-
sierte das israelische Gesellschaftssystem. „Die europäischen Juden", sagt er, „bekommen alles, aber wir
arbeiten wie die Esel. Sie haben ein großes Haus und
wir leben in anderthalb Zimmern."

Der das sagt, heißt James Baruch; es ist jener Soldat,
der am Vortag in einem Kanal-Bunker beim Aufhängen
seiner Wäsche zum Trocknen von einer Granate überrascht wurde. Baruch ist orientalischer Jude, also Mitglied jener jüdischen Bevölkerungsgruppe, die aus meist
orientalischen Ländern eingewandert, in Israel nach-
weislich zu den armen Bevölkerungsschichten gehört.
Daß er dies aber im Fernsehen des Feindes beklagt,
fällt vielen Israelis schwer zu verstehen.

„Die Tage der Schande sind vorbei", singen in den
Straßen von Kairo die einfachen Leute. Anwar Sadat, der
es fertigbrachte, die arabische Welt vom Atlantik bis
zum Persischen Golf mit stolzer Freude zu erfüllen,
dieser Mann hat mit dem Angriff ein Pokerspiel eröffnet, das für ihn nur dann gut ausgehen kann, wenn
er siegt. Und das hat er bisher getan.

Die „Phantoms" kamen ohne Warnung

Niemand sah sie kommen. Auch das syrische Radar-System hat die sechs israelischen Düsenkampf-Bomber vom Typ „Phantom" nicht erfaßt, die sich — nur dreißig Meter über dem Boden fliegend — Damaskus von Süden her nähern. Sie überqueren die Stadt und sind längst außer Sicht, als im Westteil von Damaskus Rauchwolken, Feuer und Trümmer in die Luft fliegen.

„Das ist das Villenviertel Abu Rammanah", meint ein syrischer Kameramann, der mit seinem Fernseh-Team seit dem Morgen auf dem Dach einer Schule darauf wartet, jene Szenen vor seine Objektive zu bekommen, die seit Beginn des Krieges immer wieder durch die Nachrichten-Sendungen des syrischen Fernsehens laufen: die ungleichen Luftkämpfe zwischen israelischen Maschinen und den sowjetischen SAM-Raketen.

Als der Fernsehmann jetzt seine schwere Kamera über die Stadt hinweg in Richtung Abu Rammanah schwenkt, filmt er den ersten israelischen Luftangriff dieses Krieges auf zivile Ziele. Denn die „Phantoms" kommen wieder, zu zweien, und sie laden weitere Bomben ab, schießen ihre Raketen in den Stadtteil, verschwinden in einer steil ansteigenden Schleife, gejagt von den gefürchteten Raketen, die ihnen, wie auf einem weißen Schweif reitend, folgen.

Es ist 12.15 Uhr in Damaskus und es ist der 9. Oktober, der vierte Tag des Krieges. Wenige Minuten zuvor hatten die Sirenen zur Entwarnung geheult. Radio Damaskus sendete, von einem Kinder-Chor gesungen, ein Loblied auf Staatspräsident Hafez Assad: „Möge Allah dich behüten, Abu Sleiman." Das ist Assads Spitzname. Dann folgt Funkstille, viele Minuten lang.

Keine Sirene hat die Bewohner der Stadt gewarnt, kein syrisches Flugzeug ist am Himmel, über eine Viertelstunde lang bleiben die Israelis die Herren über der Stadt. Und damit rückt der Krieg für die Damaszener plötzlich sehr nah.

Das Ziel der „Phantom"-Piloten ist das Villenviertel Abu Rammanah, der Wohnort vieler Offiziere, Sitz der meisten Botschaften. Hier liegt auch das syrische Verteidigungs-Ministerium. Das zwölfstöckige Haus wird von mehreren Raketen getroffen, eine Wand stürzt ein, Brände brechen aus, ein Trümmerfeld bleibt zurück.

Aber die Bomben fallen auch auf Straßen und Plätze dieses Prominenten-Viertels. Villen werden wegrasiert, als wären sie aus Sperrholz gebaut, Schulhäuser fallen in sich zusammen, Straßen und Unterführungen füllen sich mit Wasser, da Leitungen und das Kanalsystem zerfetzt wurden.

Wie viele Menschen bei dem Luftangriff ums Leben kamen, hat Damaskus offiziell nie bekanntgegeben. Waren es 200, etwa 500 oder sogar 1 000? Hier kam nach den beiden Beobachtern am Suez-Kanal jedenfalls der dritte Soldat der UNO-Friedenstruppe ums Leben, der norwegische Hauptmann Didrik Pjeerswaag. Mit Frau und Tochter wurde er in seiner einstürzenden Villa begraben.

An diesem Tag fangen europäische Diplomaten in Tel Aviv einen Funkspruch ihrer Kollegen in Damaskus auf: „Die Regierung Syriens ist dabei, die Stadt zu verlassen. Was sollen wir tun?"

Am Abend trifft, von UN-Fahrzeugen eskortiert, die erste Gruppe von Diplomaten in Beirut ein.

War dieser Angriff eine Antwort der Israelis auf die Beschießung mehrerer israelischer Siedlungen bei Nazareth mit Raketen vom sowjetischen Typ „Frog"? Diese Geschosse (Reichweite etwa 150 Kilometer) waren allem Anschein nach auf einen in der Nähe liegenden Flugplatz gezielt worden. Zwei Geschosse schlugen auf dem Flughafen-Gelände ein, wo ein Waschraum zerstört wurde. Die anderen aber verfehlen ihr Ziel und richten schwere Schäden in harmlosen Dörfern an.

Der israelische Angriff galt auf jeden Fall dem syrischen Verteidigungs-Ministerium, der Nervenzentrale jener Armee, der es beinahe gelungen ist, bis nach Israel hineinzurollen.

In Einsätzen, die oft rund um die Uhr gehen, zerhacken Israels Piloten Flugplätze und Hafenanlagen, Brücken und Verbindungswege in den Irak, das voll in den Krieg eingetreten ist. Mit schweren Bomben und Zeitzündern, die schnelle Reparaturen nicht zulassen, legen die Israelis Rollbahnen von Flugfeldern in ganz Syrien lahm. Längst ist den Geheimdiensten klargeworden, daß in der Sowjetunion alle Vorbereitungen abgeschlossen sind, Waffennachschub über Luftbrücken und über das Meer zu schicken.

Die Hafenanlagen von Latakia sind ein Trümmerfeld, die Rauchwolken über der Raffinerie von Tartus verdunkeln mehrere Tage lang den Himmel über der Stadt.

„Für syrische Piloten", meint ein Armeesprecher, „wird es immer schwerer, nach ihren Einsätzen noch eine intakte Landebahn zu finden." Was er hofft, spricht er nicht aus: Die Russen sollen keine Möglichkeit finden, ihr Kriegsmaterial in Syrien auszuladen.

Als die ersten der riesigen Sowjet-Transporter vom Typ „AN-22" in den syrischen Luftraum einfliegen, müssen sie in den benachbarten Irak umgeleitet werden: In Syrien ist an diesem Tag keine Landebahn benutzbar.

Als am Nachmittag des Angriffes auf Damaskus eine israelische „Skyhawk"-Maschine nicht weit von der Hauptstadt abgeschossen wird, müssen Miliz-Soldaten Schüsse über die Köpfe einer Menge abfeuern, die den abgesprungenen Piloten lynchen möchte. Schon am ersten Tag des Krieges hatte das syrische Oberkommando einen Befehl erlassen, der mehrmals am Tage über den Rundfunk wiederholt wird. „Abgeschossene feindliche Piloten nicht anfassen und nicht bedrohen. Benachrichtigen Sie den nächsten Militär-Posten." Dieser Befehl hatte einen guten Grund.

Während des Sechs-Tage-Krieges war es in Syrien zu einem gräßlichen Zwischenfall gekommen, der weitreichende Folgen hatte. Ein abgeschossener israelischer Pilot war von Dorfbewohnern mit Äxten erschlagen worden. Im syrischen Fernsehen lief, mit einem hämischen Kommentar versehen, ein Filmstreifen, in dem die Leiche von allen Seiten gezeigt wurde.

Dieser geschmacklose Beitrag war die letzte Sendung, die Syriens Einwohner von dieser Fernseh-Station in Damaskus empfangen konnten. Noch in derselben Stunde flogen israelische Piloten einen Angriff auf die Station, die anschließend für viele Monate stumm blieb.

Der gelynchte Pilot war der Sohn von General Zoreah, einem Reserve-Offizier, der alle Kriege seit der Staats-gründung mitgemacht hat. Im Yom-Kippur-Krieg verliert er, wieder über Syrien, seinen zweiten Sohn: Er kann nicht mehr rechtzeitig aus seiner angeschossenen Maschine aussteigen. Der dritte Sohn, ein Panzer-Kommandant, liegt bei Kriegsende schwer verletzt im Hospital.

Journalisten an der Front:

Aus dem Luxus-Hotel
ins Artilleriefeuer

Die eifrigen Hände des Bundesgrenzschutzbeamten, der auf dem Rhein-Main-Flughafen in Frankfurt die Reisenden nach Waffen untersucht, erstarren für Sekunden. Höchst erstaunt, und auch ein bißchen mitleidig, fragt er angesichts des Flugtickets und des Reisepasses:

„Was um Himmelswillen wollen Sie jetzt als Deutscher in Tel Aviv? Wer zwingt Sie, in den Krieg zu fahren? Müssen Sie das unbedingt?"

Die Fluggäste, die er untersucht — es sind Journalisten — antworten unverbindlich: „Das gehört zum Reporterberuf." Über das Warum hatte wohl auch keiner nachgedacht, als er die Koffer packte. Und dann hieß die naheliegendste, wichtigste und schwierigste Frage, die Zeit und viele Telefongespräche verlangt: Wie kommt man überhaupt nach Tel Aviv?

In der Stunde des Kriegsausbruches haben alle Fluggesellschaften ihren Liniendienst nach Israel eingestellt. Die Luftflotte der israelischen Gesellschaft „EL AL" steht ohnedies des Feiertags wegen gerade in Tel Aviv.

An den Abfertigungsschaltern auf deutschen Flughäfen wird europaweit vertröstet. „Versuchen Sie es doch morgen mal in Rom. Oder vielleicht in Paris. Von Zürich aus soll auch eine Maschine starten. Wann? Das weiß kein Mensch. Die Maschine kommt an und fliegt eine halbe Stunde später wieder ab."

Es ist eben Krieg. „Sollen wir etwa dem Gegner mit dem Flugplan genaue Angaben darüber liefern, wann er uns wo treffen kann, wo Terroristen auf uns warten sollen?" sagt man in Frankfurt.

Die Münchner melden sich in Frankfurt. Tatsächlich, dort soll am 9. Oktober zum ersten Male in diesem Krieg eine EL-AL-Maschine von deutschem Boden starten. „Kommen Sie früh am Morgen, auch wenn die Maschine erst nachmittags abgeht", rät Frankfurt.

Vor dem Abfertigungsschalter 430 auf dem Rhein-Main-Flughafen steht bereits um 9 Uhr eine Menschentraube. Einer der ersten ist ein unrasierter und übernächtigter junger Mann. Als er im Fernsehen vom Krieg hörte, fuhr er, ein israelischer Student, mit dem Auto eines Freundes von Schwaben durch die Nacht nach Frankfurt. Er will sofort heim: In seiner Brieftasche steckt ein schmaler Papierstreifen. Er sagt ihm, wo er sich als Reservist im Ernstfall melden muß. Und der Ernstfall ist jetzt da.

Nicht für jeden Reservisten gibt es sofort Platz in der Maschine. Die „EL AL" hat eine Vorrangliste, in die sie sich nicht gerne blicken läßt. Angehörige der Luftwaffe oder Panzerfahrer haben natürlich höhere Chancen als die vielen Freiwilligen, die schon in den ersten Stunden ihre Hilfe anbieten.

Unter den Passagieren, die eine Bordkarte erhalten, ist auch ein Israeli aus München, ein Techniker der Luftwaffe: In ein paar Tagen wird er Spezialbomben basteln. In jene Behälter, die zum Verstreuen von Flugblättern konstruiert wurden, füllt er dann dünne Metallstreifen ab, eine Art Stanniolpapier. Diese Bomben werden, so wird sich's zeigen, sehr dringend benötigt.

Die Reservisten auf dem Flughafen diskutieren. „Unsere Luftwaffe soll böse Verluste erlitten haben", sagt einer. Woher will er das wissen? Viele ältere Leute steigen schließlich mit ein: Darunter Frauen, die zu ihren Familien zurück wollen. Die Nachricht vom Krieg hat sie im Urlaub eingeholt. Sie verlangen am heftigsten einen Platz in der Maschine heim nach Israel, in den Krieg, der schon in Frankfurt gepanzerte Fahrzeuge auffahren läßt. Sie bilden einen Halbkreis um die startbereite „EL-AL"-Maschine. Aus Sicherheitsgründen. Gerade als die Passagiere einsteigen, landet eine Maschine mit arabischen Kennzeichen und rollt ein paar hundert Meter entfernt vorbei.

Von Wien aus fliegt inzwischen Heinz Schewe, Korrespondent der „Welt", nach Tel Aviv. Bei einer Zwischenlandung in Athen trifft er den österreichischen Journalisten Ernst Trost, der 1967 als Reporter im Gaza-Streifen verwundet worden ist und das erste Buch über den Sechs-Tage-Krieg geschrieben hat. Jetzt aber reist er nicht nach Israel. Er kommt gerade aus der Türkei, wo er Material über die Ausgrabungen von Ephesus sammelte. Trost muß zurück nach Wien, um seinen Bericht abzuliefern.

In Zypern will der Journalist Wolfgang Heckmann aus Hamburg mit einem sehr eigenwilligen Flugzeug in Richtung Beirut—Damaskus starten. Sein Endziel: Australien. Er reist wie kein anderer vor ihm um die Welt: allein in einem Motorsegler, hergestellt in Dachau bei München. Nie zuvor ist ein Flugzeug dieses Typs soweit geflogen. Aber in Zypern erfährt er: Krieg. „Wenn Sie weiterfliegen, werden Sie mit Sicherheit abgeschossen." Heckmann steigt um in die nächste Linienmaschine, und läßt seinen Vogel zurück. Er hat auch beruflich umgebucht: Statt Reisebeschreibungen wird er in der nächsten Zeit Kriegsberichte nach Deutschland schicken.

Wenige der deutschen Berichterstatter sind Neulinge. Einige haben schon den Sechs-Tage-Krieg in Israel miterlebt. Viele kennen Vietnam. Oder Bangladesch. Auch diesmal müssen einige Reporter nicht erst nach Israel geschickt werden — sie sind schon dort, als die arabische Invasion beginnt. Der Münchner Journalist Bruno Arnold fährt beispielsweise am 6. Oktober in seinen Ferien durch die Wüste Sinai. Auf der Küstenstraße, bei der Stadt El Arish, hört er plötzlich Düsenjäger.

Die norwegische Professorin Kirsten Amundsen, die in Kalifornien lehrt, ist nach Israel gekommen, um für Zeitungen die Frauenprobleme zu studieren. In Jerusalem macht der BBC-Journalist Vladi bei Verwandten Urlaub. Vor zwei Jahren erst ist er von Moskau über Wien nach Israel ausgewandert. Aber er lebt jetzt in London, als Reporter der BBC. Nur für ein paar Tage — so denkt er — wird er sich in Jerusalem erholen.

Arnold, die Professorin, Vladi und der englische Sportreporter Bob Hughes, der mit seiner Frau Jennie in einem Kibbutz einen sonnigen Herbst erleben wollte, tun das gleiche, als die Nachricht kommt: Es ist Krieg. Sie melden sich zu Hause, kündigen erste Berichte an. Keiner reist ab.

Was veranlaßt sie zu bleiben? Was treibt die anderen zu kommen?

In London hat sich der „Sunday Times"-Reporter Nicholas Tomalin vor der Abreise mit seinem Chefredakteur Harold Evans über die Arbeit von Kriegsberichterstattern und ihre Beweggründe unterhalten.

„Das war kein Job wie er ihn mochte", erinnert sich Evans. Weshalb fuhr Tomalin dennoch nach Vietnam, Israel, Bangladesch und wieder nach Israel?

„Er war kein Schlacht-Reporter", sagt Evans, „keiner, der immer an der vordersten Front steht, gepackt vom sogenannten Glorienschein des Kriegs. Er dachte an diejenigen, die unter dem Krieg leiden. Er schrieb lieber über sie, als über rein militärische Dinge."

Natürlich gibt's auch andere. Da ist der Mann von „Praline", dem eine Geschichte mit dem Arbeitstitel vorschwebt: „Ganz ohne Frauen geht das Siegen nicht."

„Ich bin hier", hatte dagegen die italienische Journalistin Oriana Fallaci über ihr Ziel als Kriegsberichterstatterin in Vietnam geschrieben, „um die Menschen zu begreifen, um zu begreifen, was ein Mensch denkt und will, der einen anderen Menschen umbringt, der ihn seinerseits umbringen will; ich bin hier, um etwas zu beweisen, woran ich glaube, daß der Krieg unnütz ist und dumm, daß er der tierischste Beweis ist für die Idiotie der Erdenbürger."

Das sind große, gute Gedanken. Aber für die Reporter ist der Alltag zunächst nüchterner. Sie wollen Nachrichten. Sie wollen Menschen begreifen, aber auch die Situation. Sie wollen wissen, ob der Heeresbericht stimmt. Sie wollen Augenzeuge sein.

„In ein paar Tagen ist alles vorbei", sagt in Frankfurt noch der frühere Israel-Korrespondent der ARD, Edmund Gruber, zu seinen Kollegen. Niemand wird ihm später dies als Irrtum vorhalten, viele denken wie er. Die Erinnerung an 1967 überdeckt alles.

Auch über den Wolken wird verdunkelt

„Unter uns die griechischen Inseln", verkündet nach zwei Stunden Flug der Kapitän über das Bordradio. BBC meldet, die Lage habe sich stabilisiert. In hebräisch werden Nachrichten durchgegeben. Gleich danach färben sich die Wolken rot. Sie haben einen schwarzen, dunklen Rand. Die Dämmerung über dem Mittelmeer beginnt. Die Stewardessen bitten, die Sonnenblenden an den Fenstern herabzuziehen. Auch über den Wolken muß verdunkelt werden. Eine Kette von erleuchteten Flugzeug-Bullaugen ist über dem Himmel weit sichtbar. Einige Journalisten machen sich Gedanken: Ob die Araber eine Zivilmaschine angreifen würden? Über dem Meer, beim Flug, klingt eine solche Frage nicht sehr spaßhaft.

„Ist es wahr, daß wir in der letzten Stunde von Düsenjägern eskortiert werden?"

Die Stewardeß kann diese Vermutung weder bestätigen noch verneinen.

Um 20.30 Uhr überträgt der Bordfunk das israelische Volkslied „Chawenu Shalom Alechem" — „Wir bringen dir den Frieden". Es wird zur Begrüßung gesungen, oder für Heimkehrer. Die Passagiere schlagen im Takt in die Hände. Aus dem Klatschen wird prasselnder Beifall. Ein leichter Ruck — die Boeing 707 ist gelandet. „Wir sind in Tel Aviv", sagt die Stewardeß. In anderen Worten: Wir sind im Krieg.

Die Flugzeugtüre öffnet sich: Laue milde Luft schlägt den Passagieren entgegen, die noch Herbstmäntel aus Europa unter dem Arm tragen. Zumindest auf dem Flughafen Lod bei Tel Aviv scheint die Verdunkelung noch nicht zu funktionieren. Jene Glaswände, die hinaus auf die Rollbahnen blicken, sind hell erleuchtet.

Einige Journalisten hatten bei der Abreise keine Zeit mehr, sich ein Visum zu besorgen. Manche ließen vorsorglich telegrafisch ihren Namen in Tel Aviv ankündigen — aber es geht auch so: Bei ihnen dauert die Abfertigung ein paar Minuten länger, dann haben auch sie ihren Stempel. Spionagefurcht scheint nicht gerade zu herrschen. Wo schlafen? Manager Silbermann vom Dan-Hotel, einem Zentrum der Journalisten, steht bereits am Flughafen und schaut sich nach Leuten mit Kameras und Schreibmaschinen um. Er wird alles organisieren.

Hell ist nur die Vorderfront des Flughafens — dunkel dagegen die Rückseite. Am Ausgang eine Gasse von Menschen. Taschenlampen leuchten die Passagiere an: Israelis suchen ihre Verwandten, die sie aus Europa erwarten. Viele der jungen Leute fahren gar nicht erst heim in die Stadt. Vom Flughafen aus werden sie unmittelbar zu ihrem Truppenteil gebracht.

Auf den Straßen heulen Dutzende von Sanitätswagen vorüber. „Es sind wieder Flugzeuge mit Verwundeten aus der Wüste oder von der syrischen Grenze eingetroffen", sagt ein Taxifahrer.

Sie werden auf zivile Krankenhäuser verteilt. Die Alltagspatienten, die nicht unbedingt ständig ärztliche Hilfe brauchen, wurden schon in den ersten Kriegsstunden nach Hause geschickt. Ärzte kommen untertags in die Wohnung der Kranken. Ihr Bett wird, das wissen alle, für dringendere Fälle benötigt: für die Verwundeten des Krieges, deren Zahl weit höher ist, als man bisher annimmt und bekanntgibt.

In dieser Nacht hängt der Mond fast voll über der Stadt. Die Fußgänger sehen ihn recht dankbar: Er hilft sehr, sich im Dunklen zurechtzufinden.

Der erste Weg führt zum „Pi-Ei-Ouh", was abgekürzt „Press-Informations Office" heißt. Offiziell wird die Behörde „Regierungspresseamt" genannt. Noch bekannter ist sie als „Beit Sokolov": das Haus Sokolov. Es wurde nach einem Journalisten und Zionistenführer benannt.

Im Vordergebäude sitzen Militärs, flankiert von weiblichen Soldaten. Doch die Journalisten wenden sich lieber an alte Offiziere wie Dan Böhm oder Hannan Levy. Die Mädchen in Uniform sind zwar hübsch, aber sie sind die härtesten Kommißköpfe im Haus. Sie tun alles, was im Handbuch steht, sie sind dienstbeflissen — zum Aus-der-Haut-fahren korrekt.

Ein Oberstleutnant wie Dan Böhm dagegen weiß immer noch einen Weg. Oder kennt doch noch jemand, der die richtige Adresse weiß. Er sagt nicht sofort so kategorisch „nein" wie die Mädchen am Schreibtisch.

Ein Beispiel: Anderntags soll zum ersten Male in diesem Krieg ein Bus die Journalisten an die syrische Front bringen. „Nein", sagen die hübschen Kommißköpfe. „Neuankömmlinge haben keine Chancen. Der Bus ist ausgebucht. Jeder Platz belegt. Keine Chance."

„Ich würde es doch mal versuchen", sagt indessen Dan Böhm. „Wenn Sie zeitig kommen . . ." Der Rat erweist sich als richtig.

Vorher noch die Formalitäten. Wer schon einmal in Israel als Journalist war, erhält seinen Presseausweis, sein Eintrittsbillett für die Front innerhalb einer Viertelstunde. Andere müssen Tage warten: weil aus ihren

Papieren vielleicht nicht hervorgeht, für welche Zeitung sie arbeiten. Oder weil Paßbilder fehlen. Vor der Fahrt an die Front ist dazu noch ein Formular zu unterschreiben, das klarstellt: Der Reporter fährt auf eigenes Risiko. Die Armeejuristen haben das so formuliert: „Ich entbinde hiermit den Staat Israel, seine Sicherheitsdienste und die israelischen Verteidigungs-Streitkräfte einschließlich aller seiner Angestellten und Agenten in meinem Namen und dem meiner Erben von jeder Verantwortung für Schaden oder Krankheit, welche auch immer ich mir bei besagter Fahrt oder damit im Zusammenhang zuziehe."

Die meisten Journalisten, wahrscheinlich alle, sind für Israel vorsorglich von ihren Zeitungen hoch versichert worden. Nur eine Gesellschaft wollte das Risiko eingehen: Lloyds in London. Für die erste Woche im Krieg fordert sie eine Prämie von 1700 Mark — wie gesagt, für eine Woche. Später wird sie die Preise wochenweise senken, auf 700, dann auf 500 Mark.

Was bleibt: Im Todesfall zahlt sie an die Erben des Betroffenen 100 000 Mark.

Die Reporter hoffen sehr, die Versicherung nicht bemühen zu müssen.

Die erste Nacht in Israel wird kurz. „Kommen Sie zeitig", hat Dan Böhm gesagt. Obendrein unterbricht ein Fliegeralarm die Nachtruhe. Verwirrte Gäste laufen über die Korridore des Dan-Hotels. Was soll man eigentlich tun, wenn Alarm gegeben wird? Hat irgendjemand eine Taschenlampe? Und bitte, wo ist überhaupt der Luftschutzraum? Und wo die Treppe, falls der Fahrstuhl ausfällt.

Eine Stunde später warten die Neuankömmlinge

auf den Bus hinauf zu den Golan-Höhen. Kurz vor der Abfahrt sind noch nicht alle Plätze besetzt. „Bitte steigen Sie ein."

„You are lucky", sagt ein englischer Journalist. „Sie haben Glück." Natürlich ist das in Journalistenaugen Glück, wenn man mit darf in die Schießerei.

Genau 23 Stunden nach dem Abflug aus dem friedlichen Frankfurt, aus dem Verkehrsgewühl, aus dem herbstlichen Europa, steht eine Gruppe deutscher Reporter bei Sommerwetter auf den Bergen über dem See Genezareth.

Die Schätzungen gehen auseinander, wie weit in diesen Minuten der Krieg entfernt ist.

Ein Soldat meint, die Feuerwand der Granateinschläge, die uns zum Halten zwingt, sei noch etwa 1000 Meter entfernt. Ein anderer Soldat spricht von sechs- oder siebenhundert Metern. Und die Einschläge rücken näher und näher.

Mit dem Taxi durch die Wüste

Während aus Israel vom ersten Kriegstag an ein ständiger Nachrichten-Strom von Korrespondenten und Sonderberichterstattern in Zeitungsredaktionen und zu den Nachrichten-desks der Fernseh-Anstalten fließt, bleiben die Zeitungen aus Kairo in den ersten Tagen stumm. Wohl funkt die amtliche ägyptische Presse-Agentur „MENA" jeden Heeresbericht, jede Siegesmeldung in alle Welt. Aber das Mißtrauen gegen die ägyptische Propaganda, so wie sie während des Sechs-Tage-Krieges praktiziert wurde, veranlaßt zahlreiche Journalisten zu einer Reise, die mit dem Schlagwort „Taxi nach Tobruk" nur sehr unvollständig beschrieben ist.

Sofort nach Kriegs-Ausbruch wird „Cairo-Airport" geschlossen. Die Linienflüge der „Egypt-Air" aus Europa enden in Benghasi, einer Wüstenstadt in Libyen. Als erster trifft dort John Pilger ein, Chefreporter des britischen Massenblatts „Daily Mirror". Er mietet ein Taxi und rollt damit 1400 Kilometer am Mittelmeer entlang, in Richtung Kairo.

Für ältere britische und deutsche Korrespondenten ist diese Reise eine gefühlvolle Fahrt in die Vergangenheit. Benghasi—Tobruk—Sollum. Das war der Weg von Rommels Afrika-Korps und der 8. britischen Armee unter Feldmarschall Montgomery. Nach dem Grenzort Sollum geht es in Ägypten militärgeschichtlich weiter. Nach Marsa Matruh kommt El Alamein, schließlich Alexandria.

John Pilger erreicht nach 36 Stunden Fahrt Kairo. „Unterwegs", sagt er, „machten wir in der Nacht eine Pause und ich legte mich gleich neben der Straße zum Schlafen. Als der Morgen dämmert, merkte ich, daß ich in einem riesigen Soldatenfriedhof lag."

Tony Rocca und Peter Kellner von der „Sunday Times" haben weniger Glück als ihr Kollege Pilger. An der Grenze in Sollum wird ihr Taxifahrer festgenommen — er hat den Kofferraum seines Wagens mit Kaugummi vollgestopft und wird wegen Schmuggels festgehalten. Die beiden Briten sind nach 39 Stunden in Kairo.

Als Wilhelm Körber („Die Welt") und Frank Howitt („Daily Express") in Benghasi mit einem Taxifahrer verhandeln, ist der Preis auf 1000 Mark gestiegen. In Kairo sind inzwischen fast 300 Korrespondenten versammelt. Jeder Neuankömmling wird begrüßt wie ein Teilnehmer der Monster-Rallye London—Melbourne. Körber und Howitt hätten, sagen die englischen Kollegen, Anspruch auf eine Medaille als Siegespreis: Ihr Taxifahrer hat die Strecke in 19 Stunden hinter sich gebracht. Er ist der Schnellste.

Im Hilton-Hotel haben alle diese Journalisten ihr Hauptquartier aufgeschlagen. Arnaud de Borchgrave ist eingetroffen, der Star-Korrespondent des US-Nachrichten-Magazins „Newsweek". Er ist ein alter Bekannter in Kairo. Schon dreimal hat er Präsident Sadat interviewt, das letzte Mal vor sechs Monaten.

Damals hatte der Ägypter ein paar Sätze gesprochen, die wohl niemand recht ernst nahm, weil er sie schon so oft gesagt hat: „Die Nahost-Krise ist in Vergessenheit geraten. Die Zeit für einen Schock ist gekommen."

***

Unter den Journalisten, die während der ersten Tage vom Kriege nichts sahen und nur durch den Militärsprecher („240 Panzer zerstört, die israelische Armee auf dem Rückzug") erfahren, was geschieht, ist auch ein Vertreter des „Playboy". Die Offiziellen im Presseamt beratschlagen lange, ob sie diesem Journalisten eine Akkreditierung ausstellen sollen. Dann darf auch der „Playboy" mit an die Front.

Viele amerikanische und europäische Reporter fliegen nach Beirut, in die libanesische Hauptstadt. Dort ist der Flughafen vom zweiten Kriegstag an wieder geöffnet. Von dort hoffen die meisten, nach Damaskus weiter zu kommen. Fast alle stranden an der syrischen Grenze.

Anthony Delano vom „Daily Mirror" erinnert sich: „Wir hockten tagelang an der Grenze und interviewten Flüchtlinge aus Damaskus. So entstanden die Kriegsberichte."

Die beiden „Mirror"-Leute Eric Piper und Nick Davies erreicht der Alarmruf aus London in Jamshedpur, einer kleinen Stadt in Indien, wo sie an einer Story arbeiten.

Der einzige Fernschreiber in der Stadt ist uralt, die Nachricht kommt als Buchstabensalat an. Die beiden Reporter können nicht entziffern, ob sie bleiben oder in den Krieg reisen sollen. „Völlig verzweifelt", sagt Piper, „fiel uns ein alter Trick ein." Die Londoner Zentrale sollte nur noch eine einfache Zeile als verschlüsselte Nachricht schicken. AAAA, wenn der Auftrag Naher Osten heißt, XXXX, wenn die beiden Journalisten ihre Arbeit in Jamshedpur fortsetzen sollten. Nach einer halben Stunde trifft die Nachricht ein. Sie lautet: „WWWW WWWWWWWWWWWWWWWWW".

Erst am nächsten Morgen erreicht eine verständliche Nachricht die indische Stadt: Piper und Davies werden nach Amman beordert, in die Hauptstadt von Jordanien.

Noch ein ganzes Stück weiter, nämlich auf Neuguinea, wurde Horst Faas, der weltbekannte Fotograf der Nachrichten-Agentur „Associated Press" (AP) vom Kriegsausbruch überrascht. Er fotografierte gerade eine Story im Süd-Pazifik, auf den Tobriand-Inseln, genannt die „Inseln der Liebenden".

Horst Faas, der in München zu Hause ist, gilt schon seit Jahren als der beste Kriegs-Fotograf der westlichen Welt. Er erhielt den Pulitzer-Preis für eine Afrika-Story; lange Jahre war er fest in Saigon, Südvietnam, stationiert. Er fotografierte die blutigen Schlachten von Quang Tri, er war in der eingeschlossenen Dschungel-Festung

Khe Sanh, er kannte sich in Südvietnam besser aus als die meisten amerikanischen Generale.

Als die Nachricht vom Kriegsausbruch auf Tobriand eintraf, verließ Faas sofort die „Insel der Liebenden" und flog in Richtung Naher Osten. „Es dauerte vier Tage, bis ich den neuen, alten Kriegsschauplatz erreichte."

***

100 Stunden nach Kriegsbeginn in Tel Aviv. 6 Uhr morgens in der Kaplan-Straße. Aufbruch zur ersten Fahrt von Journalisten an die syrische Front. Zunächst wird nur ein Bus zugelassen. Enttäuschte bleiben zurück.

Vier Stunden später sehen die Reporter bereits am Horizont die ersten kleinen Wolken fernen Geschützfeuers, jäh aufsteigend und langsam verwehend. Sie stehen vor den Golan-Höhen am See Genezareth, über den einst Jesus gegangen sei.

Wie eine Steilküste ragt das Hochplateau über den silbrigen, sehr stillen See. Phantom-Maschinen jagen im Tiefflug darüber weg. Käme es zu einem Luftkampf, würde er buchstäblich unterhalb des Meeresspiegels ausgetragen. Der See Genezareth liegt 200 Meter tiefer als das Mittelmeer.

Wohin? Erst biegt der Bus in ein kleines Birkenwäldchen ein. Für einige ist der Platz nicht unbekannt: Hier muß es gewesen sein, erinnert sich der Chefkorrespondent der Süddeutschen Zeitung, Hans Ulrich Kempski, wo Bundeskanzler Willy Brandt im Juni bei seinem Israel-Besuch zum Angeln ging.

Der stellvertretende Kommandeur der Nordfront werde die Lage schildern, sagt der Presseoffizier. Die

Das Ende der Schlacht am Suezkanal

Israels Truppen liegen am Westufer der Wasserstraße. Auf der anderen Seite kämpfen zwei ägyptische Armeen. Die erste Waffenruhe am 22. Oktober 1973 wird sofort gebrochen. Die Israelis stoßen bis zur Stadt Suez vor. Und die Dritte Armee der Ägypter ist umzingelt.

Fotografen schimpfen. Sie wollen Aktion, Schlachtfeld-Atmosphäre, Bilder aus dem Krieg. Was interessiert sie schon ein Oberst, der auf einer Landkarte — wo noch dazu die Ortsnamen in hebräisch eingetragen sind — ein paar Pfeile malt und die Marschrichtung anzeigt?

Der Oberst mit dem Elfenbein-Stock

Der Oberst heißt Isska. Das ist sein Vorname — der Familienname soll, wie in Israel kriegsüblich, nicht genannt werden. Isska hat seinen 50. Geburtstag offensichtlich schon hinter sich. Er geht etwas gebeugt. Fasziniert starren die Reporter auf ein herrenhaftes Ausrüstungsstück. Er trägt einen kleinen Spazierstock unter dem Arm, der Griff schaut aus, als sei er aus Elfenbein geschnitzt. Er sei müde, sagt Isska, nicht nur dieses Kriegs, sondern aller Kriege.

Er schildert die Schlacht. Während er an der Karte steht, geht hinter ihm, ohne die Militärs zu beachten, ein Urlauber im blauen Bademantel und mit einem bunten Sonnenhut zu jenem See, wo einst Petrus Fischer war. Biblische Geschichte, Krieg und Tourismus begegnen einander im Hauptquartier am Badestrand. Düsenjäger und ein Spazierstöckchen — welch seltsame Bilder an diesem Tag im Oktober.

Was Isska an der Karte erläutert, macht allein die Fahrt schon lohnend. Bittere Gefechte, Rückeroberung, Gegenangriffe — ein paar Zeilen gibt das nur im Heeresbericht. Vor der Landkarte, angesichts der Berge und des Geschützfeuers, wird die Situation übersichtlicher, und sie stellt sich anders dar, als man sie noch am Abend zuvor gesehen hat.

Tiefer, als von Europa aus zu erkennen war, sind Syriens Panzer ins Land Galiläa, in den Norden Israels, eingedrungen. Vom See Genezareth waren sie nur noch zehn oder fünfzehn Kilometer entfernt. „Die Panzer strömten herein wie eine Flut. Wo eine Lücke war, drangen sie durch", sagt ein Captain. „Auf einen Israeli trafen zwölf Gegner. Was wir den wenigen Wehrpflichtigen zu danken haben, die diese Übermacht aufhielten, ist nicht in Worte zu fassen." Der Oberst: „Jetzt sind die Syrer zurückgeschlagen. Jetzt jagen wir sie."

„Wir werden es ja sehen", sagen die Reporter. Ihre Fahrt folgt jetzt den Pfeilen, die auf Isskas Karte die Richtung der syrischen Panzervorstöße zeigen.

500 Meter hoch liegt das Golan-Plateau über dem See. An der Seite der Straße hinauf stehen die Tieflader, die Panzer herantransportieren. Eben schien die Straße noch leer. Jetzt steckt der Journalisten-Konvoi in einer gewaltigen, kilometerlangen Dreckwolke, die weithin ankündigt: hier rollt Nachschub an.

Das Land rundum ist steinig, staubig, hügelig, nur mit Disteln und niedrigem Gestrüpp bewachsen. „Ein ideales Gelände für Panzerfahrer", sagen die Offiziere. „Hier kommen sie besser voran als in der sandigen Wüste." Die ersten von Hunderten zerschlagener Panzer und Kampfwagen werden durch die schmutzigen Busfenster hindurch fotografiert. Dann sind sie keine Neuigkeiten mehr.

Ein Panzer raucht noch. Seine Insassen sind verbrannt. Ein Geschoß hat genau die Nahtstelle zwischen dem Oberteil und dem Fahrgestell getroffen. Der Turm wurde hochgeschleudert und liegt umgedreht auf dem Tank. Ein paar Schritte entfernt ein schwarzes Bündel, verkohlte Haare oder Wolle. Knochenstücke werden sichtbar.

Ein Journalist sieht die Hand eines Toten. Er wird lange daran denken, daß der Sekundenzeiger an der Uhr des Gefallenen noch läuft.

100 Stunden seit Kriegsbeginn. Jede Stunde Schlacht verschlingt 24 Millionen israelische Pfund, teilt Minister Sapir vom Finanzministerium mit. Aber das seien natürlich nur runde Werte: Sie stiegen und fielen je nach Härte der Kämpfe, nach der Zahl der beteiligten Flugzeuge und Tanks. Ein Tag Krieg kostet mehr als eine Milliarde Pfund — das sind etwa 650 Millionen Mark. Das Geld, das hier in Panzerwracks und den Trümmern des Krieges steckt, würde ausreichen, um die „kargen Golan-Höhen in fruchtbare Gärten" zu verwandeln, schreibt Heinz Schewe von der „Welt".

Aber der Krieg kostet mehr als Geld. Dutzende von Lieferwagen fahren bergab, hupend, eilig. Auf den Seitenflächen hebräische Reklameschilder. So übersetzen die Soldaten: Eines wirbt für eine chemische Reinigung. Ein anderes preist Nudeln an. In den dienstverpflichteten Wagen werden Verwundete abtransportiert. Neben ihnen Sanitäter, oft mit dem „Tropf" in der Hand, einer Flasche, aus der Blutplasma in die Adern der Schwerverletzten läuft.

Doch in einigen der Pritschenwagen sitzen keine Helfer. Zugedeckt liegen Gestalten auf Tragbahren — nur Stiefel schauen hervor. Es sind Tote; israelische Soldaten, die noch lebten, als die Reporter Tel Aviv verließen. Auf einem Lastwagen hocken, eng aneinander gepreßt, Gestalten mit verbundenen Augen. Sie sind schmutzig, manche verwundet, apathisch. Für sie ist der

Krieg vorbei: Es sind syrische Kriegsgefangene. Warum die Binde über den Augen? Sie können nichts mehr verraten über israelische Stellungen, Aufmärsche, Truppen-Konzentrationen. Der Lastwagen bringt sie schnell über die gewundene Straße hinunter nach Israel, in ein Gefangenenlager. Über dieselbe Straße werden sie abtransportiert, die sie eigentlich mit einer siegreichen Armee hinunterfahren wollten — nach Israel hinein.

Die Zeitungsleute fahren weiter in Richtung Front, bis ein Offizier den Wagen stoppt: Die nächste Straßenkreuzung liegt unter Beschuß. Es wird empfohlen, sich nach Deckung umzusehen.

Aber wo ist hier Deckung? Ein paar Felsen liegen neben der Straße. Ein Offizier warnt jedoch, sich von der Fahrbahn zu entfernen. Es gäbe auch Minenfelder. Sein guter Rat an Nichtgediente: „Legen Sie sich notfalls flach hinter einen großen Stein. Dann fliegen die Granatsplitter über Sie hinweg."

Das Feuer soll den Nachschub aufhalten. Aber die Soldaten fahren weiter. Noch sind die Einschläge etwa einen Kilometer entfernt. „Sie schießen auf uns mit allem, was sie haben", sagt der Presseoffizier. Der Bus dreht in eine tiefer gelegene Seitenstraße ab. Plötzlich hält ein Jeep, ein Soldat ruft etwas heraus und fährt weiter. Die Einschläge sind nur noch 500 Meter entfernt. „Weiterfahren!" sagt ein Soldat. Lloyds sollte so etwas gar nicht erfahren, sonst erhöht die Gesellschaft das nächste Mal die hohen Versicherungsprämien noch weiter.

Andere, später gestartete Pressefahrzeuge werden umgeleitet. Dieser Teil des Hochplateaus wird gesperrt für alles, was nicht zur Armee gehört. Zwei Journalisten von der „Sunday Times" lassen sich durch Verbote nicht aufhalten. Auch der Aufschrei eines Panzerkommandanten „Jetzt haben wir keine Zeit für verdammte Reporter", weist sie keineswegs ab. Die beiden haben sich ein Taxi gemietet und versuchen immer wieder, die Straßensperren der Militärs zu umgehen.

Ein Rabbiner hilft, ohne es zu wissen. Als er eintrifft, drängen sich die Soldaten um ihn. Hinter ihrem Rücken fährt das Taxi in Richtung Schießerei. Einige Interviews finden im Liegen, im Straßengraben statt. Nur zehn Meter entfernt sind die Einschläge der syrischen Geschütze.

Die Engländer sehen Sterbende, sehen Wracks. Plötzlich zieht eine Geige die Augen der Engländer auf sich. Eine Geige inmitten des Infernos . . . Das Instrument liegt auf dem Rücksitz eines Privatwagens. Wie kommen Geige und Auto bloß aufs Schlachtfeld? Es stellt sich heraus: Sie gehört einem Musiker, der bei einer Tournee von der Einberufung überrascht wurde und mit seiner Geige gleich weiterfuhr zur Truppe.

Der Eindruck der ersten Tage gibt ein rundes Bild, er macht es möglich, syrische Meldungen zu dementieren. Was immer auch Damaskus bekanntgibt: Die gesamten Golan-Höhen, 60 Kilometer lang und etwa 17 Kilometer tief, sind am 10. Oktober wieder in israelischer Hand.

Schon am nächsten Tag gelten die Grenzen von gestern nicht mehr, am Tag darauf rücken die Israelis erneut weiter nach Syrien vor, entlang der alten Straße nach Damaskus, auf der einst Saulus gewandert sein soll, als er zum Paulus wurde.

Ein Schild an der Fahrbahn hat alle Gefechte überstanden. „Nicht wenden", steht darauf in arabischen Buchstaben. „Ein sinniger Spruch", meint ein vorbeifahrender französischer Journalist. Ein Weg ohne Umkehr, aber für wen?

Der Weg über die Grenze führt durch eine Geisterstadt, durch Kuneitra, einen Ort, der bis zum 5. Juni 1967 etwa 60 000 Einwohner hatte. Noch hängen Kalender mit dem Datum 5. Juni 1967 an der Wand. Die Einwohner sind damals geflüchtet, als der Sechs-Tage-Krieg ausbrach.

Hier sind die Golan-Höhen tatsächlich zum Panzerfriedhof geworden. An den ersten Kilometern der Straße nach Damaskus liegen über 100 Wracks, viele syrische, aber auch zahlreiche israelische Tanks.

Allein vor einem Bunker im Norden der Demarkationslinie sind zwanzig oder mehr zerschossene Kampfwagen. Viele Stunden lang haben sie die israelische Stellung belagert, an der ein Plakat hängt: Willkommen! Der Boden rund um die Bunker ist verbrannt; das Dach, die Abdeckungen der Schützengräben, ein Wasser-Wagen im Inneren der Anlage, Eisenträger, Rohre sind von Einschlägen der Granaten und Raketen förmlich zermalmt und zerstückelt.

Doch die Stellung hielt allen Angriffen stand. „Wir haben einen Panzer nach dem anderen abgeschossen."

Jener Soldat, der die meisten vernichtete, ist tot. „Er lag ungeschützt auf dem Dach des Bunkers, er wollte nicht in Deckung kriechen, er schoß und schoß, bis ihn die anderen erledigten", erzählt ein Feldwebel. „Dort starb er." Er zeigt auf eine Mulde, die übersät ist mit Granatsplittern.

Zertrümmert und zerschlagen sind auch die Dörfer jenseits der Grenze. Von einem Haus im ersten Dorf auf der syrischen Seite steht nur noch die Veranda, darauf ein angesengter Schaukelstuhl, ein Radiogerät. Über das dürre Land irren Hühner und ein paar winzige zutrauliche Esel. Soldaten fangen sie ein und packen ihnen Wasserkanister auf den Rücken: eine Eselsbrücke zu den nächsten Stellungen. Weit ab von der Straße zerrt ein Hund an Kleiderfetzen, die auf dem Feld liegen. Es ist ein Syrer.

Die Israelis bergen die eigenen Gefallenen zuerst — die Toten der Gegenseite liegen oft tagelang in der Einsamkeit der Berge.

Über einem Dorf abseits der Straße weht die weiße Fahne. Die 800 Einwohner haben die Feuerwalze des Krieges unverletzt überstanden. Es sind Drusen, ein Stamm mit einer eigenen geheimnisvollen Religion, Menschen, die nicht arabisch wirken. Viele sind dunkelblond und blauäugig. Auch auf der israelischen Seite gibt es noch einige Drusendörfer; die Fäden der Beziehung zwischen den Orten scheinen nie abgerissen zu sein.

Die Erde zittert. Düsenjäger heulen über das Dorf. Es wird geschossen. Doch ein Druse, der Dorfälteste, tritt den Soldaten ohne größere Aufregung entgegen. Was will er?

Ein Soldat dolmetscht: „Er bittet alle zum Kaffee." Gastfreundschaft muß sein bei den Drusen, auch im Krieg.

Den Journalisten dröhnen die Ohren. Nun feuert ein israelisches Geschütz über sie hinweg in das syrische Hochland. Ein paar hundert Meter weiter schießt die Artillerie in entgegengesetzter Richtung. Hier hat der Krieg drei Fronten. Im Norden und Nordosten liegen syrische Soldaten, im Süden der Hochebene kämpft eine irakische Brigade — „oder was von ihr noch übriggeblieben ist", sagt ein Offizier. Israelische Kommandoeinheiten haben nachts eine Brücke nahe der syrisch-irakischen Grenze in die Luft gesprengt und anschließend den Irakern schwere Verluste zugefügt. 22 Kilometer tief sind die Israelis in Richtung Damaskus vorgedrungen. Sie haben die Stadt Sasa besetzt. Kurz davor liegt der Berg Tel Eshm, der Berg der Sonne. Seine Hügel und die Straße nach Sasa scheinen in Flammen zu stehen. Harte Einschläge. Das sieht so aus, als würde eine Springbrunnen-Kette aufgedreht: Eine schwarze Fontäne neben der anderen schießt hoch.

Vormarsch in Beutewagen

Durch das Feuer fahren syrische Panzer und syrische Lastwagen — jetzt gesteuert von israelischen Soldaten. „Intakte Beutewagen werden weiter verwendet", sagen die Soldaten.

„Schlüssel rein — ab geht's." Wie aber sollen die eigenen Leute erkennen, wer nun das feindliche Fahrzeug lenkt? Kann das nicht tödliche Irrtümer geben?

1967 haben Journalisten beobachtet, daß die Trupps manchmal mit Eimern voller weißer Farbe ins Gefecht zogen, um eroberte Fahrzeuge sofort so zu kennzeichnen, daß kein Zweifel auftauchen konnte, zu welcher Armee sie gehörten.

Jetzt hängen die Soldaten gelb-grüne Tücher als Visitenkarten für die eigene Luftwaffe über die Kühler. Ein Bild von Syriens Staatschef Assad, das an einem der Schützenpanzer hängt, wird nicht erst abmontiert.

Das Feuer aus der Ferne wandert unberechenbar durchs Gelände. So meldet Heinz Schewe: „Syrische Artillerie mit mittelschweren Geschützen schießt auf uns. Augenzeugen sind offenbar nicht erwünscht. Es liegt sich nicht sehr angenehm in dem mehligen Staub des Golan, zwischen kantigen Felsbrocken und dem Unrat geflüchteter syrischer Soldaten. Der Leitoffizier der syrischen Batterie sitzt offensichtlich in Sasa. Die Salve liegt zu weit, geht über unsere Köpfe hinweg. Es lebe der kleine Rechenfehler."

Nur dem schlechten Zielen der Syrer, schreibt auch das Nachrichtenmagazin „Time", sei es zu danken, daß keine größere Presse-Katastrophe geschah.

Ein Journalist versucht immer wieder, die Schußrichtung der Syrer vorauszusagen. Er beruft sich auf militärische Sachkunde: Der Korrespondent ist Walter Stein, ehemals stellvertretender bayerischer Ministerpräsident. Heute ist er Oberst der Reserve und Sonderkorrespondent für die „Passauer Neue Presse". Außerdem hält er Vorträge in Volkshochschulen. Ob die Israelis seinem Rat vertrauten? Stein glaubt: Ich habe meistens recht behalten.

Nicht nur Artillerie wird zur Gefahr. Nicholas Tomalin aus London kann nach Hause durchsagen: „Während wir im steinigen syrischen Sand lagen, teilte mir ein Sprecher des israelischen Militärs mit, daß ich jetzt als allererster Engländer die Ehre habe, von dem Kampfflugzeug ‚Suchoi 20' bombardiert zu werden."

Bei der „Suchoi 20" handelt es sich um die neueste russische Maschine mit Schwenkflügeln. Tomalins Fotografin Sally Soames vergißt, sich hinzulegen. Aufrecht fotografiert sie den Bombenangriff. Nur einer wird verletzt: der Taxifahrer, der Tomalin chauffiert; er bricht sich ein Bein.

Abends, in der Hotelbar, wird Nicholas Tomalin davon erzählen und sagen: „Was Mut betrifft, da bin ich nur mittelgut." Auch ihm erscheint es jedoch unumgänglich, die Schlachten mitzuerleben. Dabei wird so vieles klar — zum Beispiel, daß die Syrer keineswegs regellos fliehen, sondern sich geordnet zurückziehen, harten Widerstand leistend. Und die Israelis marschieren augenfällig nicht nach Damaskus, wie Europa vermutet. Sie kämpfen sich nach Norden und Süden durch. Hinter den Demarkationslinien hat Syrien eine sehr feste Verteidigungslinie errichtet. „Und wenn die Syrer eine Verteidigungslinie bauen, dann tun sie das richtig", sagt ein Militär. „Sie kämpfen tapfer." Und sie haben von ihren sowjetischen Ausbildern allerhand gelernt.

Die Granaten, die im Augenblick noch auf den Golan-Höhen einschlagen, kommen aus diesen Stellungen. Sie zu zerschlagen, ist das erkennbare Ziel der Israelis. Sie wollen keine Panzer für einen spektakulären Vorstoß nach Damaskus opfern — sie brauchen die Panzer dringend woanders: in der Wüste Sinai.

Im Hotel bespricht Tomalin die Lage mit seinen Kollegen. Dann sendet er noch eine Botschaft nach London an seinen Chefredakteur: Ob er dem Taxifahrer für den Beinbruch eine Entschädigung zahlen dürfe? Es ist das letzte Lebenszeichen, das London von Tomalin erhält.

Der Zensor ist immer dabei

„Kommen Sie gelegentlich wieder auf die Golan-Höhen?" fragt der Mann von „Avis". „Ach bitte, schauen Sie sich doch einmal nach unseren Wagen um. Wir sind dankbar für alle Hinweise."

Einige Leihwagen seiner Firma sind im Gebirge auf holprigen Wegen nach Pannen oder Unfällen hängengeblieben, allesamt gemietet von Reportern, die der Busfahrten leid wurden.

„In einen so riesigen Sarg bringt mich keiner mehr rein", erklärt ein Engländer. „Da kommt keiner lebend raus."

Aus völlig anderen Gründen schaut Axel Springer junior, Fotochef der „Bildzeitung", die Pressebusse schief an: Sie bringen ihn nicht nahe genug ans Geschehen. Die Leihwagen-Rundreisen, die Rent-a-Car-Reportagen, wie sie auch genannt werden, haben noch einen anderen Vorteil. Man kann sich seine Zeit selbst einteilen und zurück sein, wenn es seine „deadline", der letzte Termin für Berichte, gestattet.

Die Erlaubnis für Leihwagen-Fahrten wird anfangs zögernd, dann ohne viel Umstände für die Golan-Höhen erteilt, nicht aber für die Wüste Sinai. Voraussetzung in jedem Fall: Einer der achtzig Begleitoffiziere des Presseamtes muß mit dabei sein. Er kennt die Lage und die Minenfelder. Meist sind es altgediente Reservisten, die als Fremdenführer für die Front fungieren, erfahren in einigen Kriegen.

Einer von ihnen, leider blieb er unbekannt, urteilt sehr respektvoll über die Reporter, mit denen er fährt. Seine Worte eignen sich als Wandspruch für Kriegsberichterstatter dieses Jahrzehnts: „Sie leben gefährlich wie die Fallschirmjäger. Nur nachts schlafen sie in einem angenehmen Hotelbett."

Die Journalisten müssen täglich zurück nach Tel Aviv oder Jerusalem, nicht allein des Hotels und des Bettes wegen. Nur in diesen Städten gibt es Nachrichtenverbindung für den Überseeverkehr und — genauso wichtig — Ämter für Zensur. Denn alle Berichte müssen vom militärischen Zensor durchgesehen werden. Wer's ohne seine Genehmigung versucht, hat plötzlich keine Leitung mehr — sie ist unterbrochen.

Aber Israels Zensoren sind meist sehr israelisch: nicht sehr pedantisch, man kann mit ihnen reden. Nur die Jüngeren unter ihnen legen ihre Vorschriften genau aus. Verständigungsschwierigkeiten treten kaum auf: Für alle europäischen Sprachen finden sich Fachleute. Sie tun 24 Stunden Dienst.

„Aber was machen Sie, Herr Schmidt, wenn ein Japaner kommt?"

Herr Schmidt ist einer der älteren Zensoren, mit einigen Journalisten seit Jahren bekannt. Im Zivilberuf produziert er Schallplatten. Trotz seines Amtes blieb er ein angenehmer Mann. Von fünfzig Schreibmaschinen-Seiten, die ihm innerhalb von zwei Wochen mit Berichten für die Münchner „Abendzeitung" vorgelegt wurden, hat er höchstens dreißig Worte gestrichen.

Schmidt und Kollegen lassen kritische Bemerkungen

über Israel ungehindert passieren — nur bei Angaben über den Ort militärischer Stellungen fangen sie zu streichen an. Auch wenn die Truppenteile längst woanders liegen, verlangen sie verschwommene Ausdrücke. Nicht „nördlich von Kuneitra" darf es heißen, wenn von einer Geschützstellung die Rede ist, sondern nur „irgendwo an der Straße nach Damaskus". Auch Verlustzahlen, die den Gegner über die Wirksamkeit der Angriffe informieren könnten, lassen Herrn Schmidt zum Filzstift greifen. Selbst wenn ein General sie bekanntgegeben hat — so etwas bekommt nicht ohne weiteres den Stempel „Genehmigt!".

„Aber was machen Sie bei einem Japaner?"

„Er muß seinen Text ins Englische übersetzen. Dann müssen wir ihm vertrauen, daß er uns keinen Bären aufbindet." Japaner haben ohnedies besondere Probleme: Wie soll man die Schriftzeichen ihrer Sprache mit einem europäischen Fernschreiber senden? Also übertragen sie die Zeichen erst in einer Umschrift unseres Alphabets.

Schlechte Erfahrungen mit Fernschreiben ins Ausland haben viele Journalisten zum Freund des Telefons gemacht. Der erste Bericht, der beispielsweise im Juni-Krieg 1967 für die Münchner „Abendzeitung" mit dem Fernschreiber abgesandt wurde, landete nicht in der Redaktion, sondern in einer Kohlengroßhandlung am Stadtrand. Ein Fehler beim Wählen hatte ihn an die falsche Adresse geschickt. Bis dort klar wurde, daß die Kohlenhandlung nicht gemeint war, druckte die Zeitung für den nächsten Tag bereits an. Ohne den Bericht.

Israels Telefone dagegen funktionieren meistens

prächtig. Nach fünf bis zwanzig Minuten ist Deutschland an der Leitung — auch wenn die Vermittlung im Pressehaus sich eines Stöpselapparates bedient, wie man ihn eigentlich nur noch im Deutschen Museum zu finden erwartet. Irgendwie klappt's. Manchmal sind die Stimmen der europäischen Partner arg fern, besonders dann, wenn der Zensor mithört. Die Kollegen in Kairo aber können ein paar ganz andere Dinge erzählen . . .

Die dort stationierten Journalisten, die nach der mühsamen 1 400-Kilometer-Taxifahrt durch die Wüsten Libyens und Ägyptens glaubten, nun hätten sie den schwersten Teil des Unternehmens hinter sich, werden bitter enttäuscht. Nur solche Korrespondenten, die während des Sechs-Tage-Krieges auf der ägyptischen Seite waren und dabei sechs Tage und ebensoviele Nächte in ihren Hotels wie Gefangene lebten, ertrugen die arabische Informations-Politik mit dem Gleichmut jenes französischen Reporters, der an der „Hilton"-Bar beim dritten Anisette meint: „Bei der Sinai-Kampagne 1956 haben wir nichts zu hören bekommen, 1967 nichts zu sehen. Diesmal kann es eigentlich gar nicht mehr schlimmer werden."

Besuche an der Kanal-Front gibt es zunächst nicht, und als Kamal Bakr, der Leiter des Presse-Zentrums im „Television-House" die erste Fahrt für 2 Journalisten zu den ägyptischen Linien am Ostufer des Kanals beim Armee-Kommando durchgesetzt hat, soll das Los entscheiden. Da sich nach übereinstimmenden Zählungen ziemlich genau 400 Journalisten an der Verlosung beteiligen, kann man annehmen, daß 398 in allen nur erdenklichen Sprachen fluchten, als Mathias Hardt, der ständige „dpa"-Korrespondent in Kairo und Henry Thanner von der „New York Times" die richtige Nummer gezogen haben.

Zum vorhersehbaren Ärger kommen unerwartete Schwierigkeiten. Ein Kameramann der BBC-Nachrichtensendung „Panorama" muß die National-Versammlung unter Drohungen von Zuhörern verlassen, die der Meinung sind, Zeugen einer Provokation zu sein. Mit einem Auge blickte der Kameramann durch den Sucher, über das andere aber hatte er eine schwarze Klappe gezogen — so eine, wie Moshe Dayan sie tragen muß. Am nächsten Tag überklebte der Kameramann die Augenklappe mit rosa Pflaster.

Sind schon die „Storys" dünn, die in den ersten Kriegstagen den von der Front verbannten Journalisten zur Kenntnis kommen, so wird es noch schwerer, diese Geschichten über den Tisch des Zensors und schließlich in die Zeitungszentrale in Hamburg, Los Angeles oder Tokio zu bringen.

Zwanzig Minuten versuchte ein US-Reporter dem Zensor zu erklären, was der Ausdruck bedeutet: „Einem geschenkten Gaul, schaut man nicht ins Maul." Als die Story schließlich in der Redaktion eintrifft, ist die erste Ausgabe der Zeitung längst gedruckt. Das Wort „Maul" ist gestrichen.

Von Manuskripten mit 600 Worten kommen gelegentlich 100 Worte am Zensor vorbei.

Schlimmer erging es einem Korrespondenten, der sich aus lauter Verzweiflung im Fernschreib-Büro des Zensors schlafen legte. Immer wenn er aufwachte, schob er dem Zensor ein ansehnliches „Bakschisch" zu, ein Trinkgeld, mit der Bitte, doch einen weiteren Teil seines Manuskriptes endlich in den Fernschreiber zu stecken. Nach vielen Stunden kann der Journalist aufatmen: seine Story, inzwischen auf Band gestanzt, tickert im Fernschreiber.

Was der Korrespondent nicht weiß — sein Bericht landet nur ein paar Häuserblocks weiter. Bei der Hauptpost von Kairo, wo sich noch einmal ein Zensor darüber hermacht und das Glücksspiel an der Telex-Maschine von neuem beginnt.

Als schließlich die erste größere Journalisten-Fahrt über den Kanal an die Front veranstaltet wird, bestimmt der Begleit-Offizier: „Keine Fotos." Die Kameraleute und die Fotografen fluchen. „Was können wir schreiben?" fragen die Reporter, die bisher außer zerschossenen israelischen Tanks und Resten der überrannten Bar-Lev-Linie nicht mehr als Sand, viel Sand gesehen haben. Antwort: „So wenig wie möglich." Jetzt schimpfen alle und sind sich sehr sicher, daß sie die Vier-Stunden-Fahrt über Ismailia umsonst gemacht haben.

Einen japanischen Journalisten, der wie alle japanischen Journalisten pausenlos Notizen macht, fährt der Offizier in einem Gruppenlager am Ostufer an: „Was schreiben Sie denn da?" Der Japaner reicht ihm bereitwillig seinen Block. Da steht: „Egyptian Troops all over the desert", also „Ägyptische Truppen überall in der Wüste." Der Offizier: „Das stimmt, das können Sie berichten."

Auch in Israel gibt es geballte Journalisten-Fäuste, zornesrote oder — je nach Blutdruck — ärgerlich bleiche Gesichter und bittere Beschwerden. Und zwar immer dann, wenn es darum geht: Wer darf mit auf eine besonders interessante Fahrt? Wer darf mit zur ersten Fahrt an den Kanal?

Die Entscheidung darüber weckt so etwas wie „Pulverneid": die begründete Furcht, anderen würden bessere Möglichkeiten eingeräumt, sie dürften näher heran an die Schießerei.

Immer muß irgendwer zurückstehen. So groß ist der Andrang, daß in Israel wie in Kairo Wartelisten für die Front angelegt werden müssen, Listen der Korrespondenten, denen eine Anwartschaft eingeräumt wird — wenn sie schon nicht unter den ersten sind, von denen Offiziere nach unerforschlichem Ratschluß sagen: Sie dürfen mit! Immerhin sind mehr als 1 000 Mann im Nahen Osten, die auf solche Bescheide hoffen, 680 Journalisten allein in Tel Aviv.

Wer hat Vorrang? In Tel Aviv heißt es, Reporter-Veteranen des Sechs-Tage-Krieges würden bevorzugt. Ein paar Extratouren werden jedoch bestenfalls der Mannschaft von Axel Springer erlaubt. Israel hat es dem Hamburger Großverleger nicht vergessen, daß er Jerusalem eine ganze Bibliothek schenkte und dem Land viel freundliche Worte widmete.

In Kairo ist der Ärger über den Verteilungs-Schlüssel so groß, daß die Sowjets einmal empört das Pressezentrum verlassen. Der Ostblock und die Dritte Welt würden förmlich diskriminiert! Offenkundig ziehe Ägypten die Journalisten aus Amerika und England vor. Geballte Fäuste also überall. Für Journalisten ist es eben nirgendwo leicht, dorthin zu kommen, wohin andere vernünftigerweise überhaupt nicht möchten: an die Front.

Raketen-Zwerge
gegen Stahl-Kolosse

Der Krieg wird auch an einer unsichtbaren Front geführt: über den Äther. Radio Damaskus wendet sich in
fünf Sprachen, darunter sogar auch in deutsch, an Israels
Soldaten mit einem Appell, über den diese Soldaten trotz
der schweren Kämpfe lachen: „Die syrische Armee",
heißt es darin, „ist eine Armee, die über alle Eigenschaf-
ten der anderen arabischen Armeen verfügt. Wir wollen
keine Zerstörung. Wir fordern euch auf, die Waffen
niederzulegen und euch zu ergeben. Hißt die weiße Fahne
und euch wird kein Leid geschehen."

Jedes israelische Kind kennt ein paar tragische Geschichten von israelischen Soldaten, die aus jahrelanger
syrischer Gefangenschaft als geistige oder körperliche
Krüppel zurückkehrten.

Mehrere Piloten versuchten in ihren angeschossenen
Maschinen verzweifelt, in den libanesischen Luftraum
zu kommen. „Drei meiner Kameraden", sagt einer, der
erst ausstieg, als die Maschine sich in ihre Bestandteile
aufzulösen begann, „waren in syrischer Gefangenschaft.
Keiner von ihnen war jemals wieder fähig, in eine Maschine zu steigen."

Den Krieg der markigen und großtönenden Worte
eröffneten nun die gegnerischen Militärführer mit vollen,
aber oft schlecht gezielten Breitseiten. Israels Generalstabschef David („Dado") Elazar verspricht vor 300

Journalisten in Tel Aviv: „Wir werden sie jagen und ihnen die Knochen brechen."

Sogar patriotische Israelis erschrecken, als sie solche Worte hören. Elazars Generalskollege Aharon Yariv, der Sonderberater des Generalstabs, verkündet erregt: „Wir werden bis zum bitteren Ende gehen, wir werden sie bestrafen, ein für allemal!" Keiner von beiden ahnt zu diesem Zeitpunkt, daß längst zwischen Washington und Moskau jene Verhandlungen laufen, deren Ergebnis es schließlich beiden Seiten unmöglich machen wird, einen wirklichen militärischen Sieg zu beanspruchen.

Heinz Schewe, der den General Yariv seit vielen Jahren kennt, schreibt in der „Welt": „So habe ich den General noch nie erlebt. Irgend etwas muß Aharon Yariv, der sonst die Selbstbeherrschung in Person ist, zutiefst erregt und aufgewühlt haben."

Yariv ist es, der den Israelis sagen muß, daß es diesmal keine Blitzsiege geben wird, keinen Sechs-Tage-Krieg. Heinz Schewe: „Dieser Mann weiß mehr, als er sagt. Und was er weiß, ist nicht gut für Israel."

Nun, da die Syrer über die Waffenstillstands-Linien zurückgedrängt sind, kann sich Israels Generalstab ganz auf den Süden konzentrieren. Auf die Front am Kanal — und die bedeutet für die israelischen Truppen ein sehr gefährliches Problem. Obwohl ein Kommuniqué des Militärsprechers drei Tage nach Kriegsausbruch nur „von einigen Dutzend ägyptischen Panzern" zu berichten weiß, denen der Übergang auf das israelisch besetzte Ostufer gelungen sein soll, steht längst fest: Die Ägypter haben an fast allen Punkten die Bunker der Bar-Lev-Linie überrannt und halten das Ostufer besetzt.

Geschützt von dem dichten Raketenschirm auf dem

Westufer, von den „SAM-2"-, „SAM-3"- und „SAM-6"-Raketen, gelingt es Israels Luftwaffe nicht, die Brücken über den Kanal endgültig zu zerstören und das zu ermöglichen, was Moshe Dayan bei einem Frontbesuch angedeutet hat: „Je mehr herüberkommen, desto mehr können wir vernichten." Hier zeichnet sich eine Materialschlacht ab, eine Möglichkeit, die Israels Militärführer schaudern läßt.

Über den Kanal sind jetzt fast 1000 Panzer gerollt — mit ihnen stoßen etwa 80 000 Soldaten der 2. ägyptischen Armee im Nordabschnitt bei Kantara und der 3. Armee im Süden vor. Nur noch ganz wenige israelische Bunker an der Wasserstraße halten dem Ansturm stand. Am fünften Tag erreicht eine kleine israelische Panzereinheit eine belagerte Stellung im Nordabschnitt. „Wir brachen durch die ägyptischen Linien", sagt einer der Soldaten, „und feuerten aus allen Rohren. Wir rammten Jeeps und gepanzerte Mannschaftswagen aus dem Weg und zermalmten MG-Nester." Die Ägypter fliehen in die Sümpfe.

Eine willkommene Nachricht für Israel. Aber dieser Krieg besteht vor allem aus bösen Nachrichten.

„Wir wollen keine Helden um jeden Preis"

Wenige Tage später sagt in seinem Hauptquartier bei Bir Gifgafa der Befehlshaber der Südfront, Generalmajor Shmuel Gonen: „Ich mußte heute den schwersten Entschluß meines Lebens fassen. Ich habe angeordnet, daß die Stellung Mezakh aufgegeben wird."

Der Bunker „Mezakh", am südlichsten Ende des Kanals gelegen, hat sieben Tage und sechs Nächte lang den Angriffen der Ägypter getrotzt. 42 Soldaten sind am 6. Oktober gegen 14 Uhr in der Stellung, als der Überfall beginnt. Ihr Kommandant, ein Leutnant, kaum älter als 20 Jahre, erfährt über Funk, daß ein Bunker nach dem anderen überrannt wird, evakuiert, erobert.

„Wir halten aus", funkt der Leutnant in das Hauptquartier. „Wir haben genug Munition, genug Wasser, genügend Verpflegung." Längst sind die Ägypter an der Stellung vorbeigestoßen. Sie überlassen es ihren Nachhuten, die Stellung und die dazugehörigen Tanks zu belagern.

„Die Besatzung hat 15 Verwundete", sagt Gonen, der glattrasiert, mit frischer Uniform, die Pistole im Gürtel auf einer Karte die Position der Stellung bei Port Taufik zeigt. „Die Jungens hätten noch länger durchhalten können, aber wir wollen keine Helden um jeden Preis."

Der Leutnant im Bunker funkt nach draußen zu den Ägyptern: „Was sind eure Bedingungen für unsere Übergabe?" Antwort: „Keine! Bedingungslose Kapitulation." Der Leutnant weiß von seinem Hauptquartier nur, daß ein Vertreter des Roten Kreuzes die Kapitulation überwachen wird.

Er gibt Grüße an die Familienangehörigen seiner Soldaten durch, dann seinen letzten Funkspruch, der angeblich lautet: „Ich muß jetzt gehen, um darauf zu achten, daß meine Soldaten mit erhobenem Kopf rauskommen." Zumindest meldet das der Armeesprecher in Tel Aviv.

Das klingt wie Heldentum nach Ladenschluß. Aber im Krieg sind heroische Töne wohl unvermeidlich.

Vor Port Taufik wartet ein ägyptisches Kommando unter Führung eines grauhaarigen Brigade-Generals. Der steht seinem Gegner zunächst fassungslos gegenüber. Der junge Leutnant, bärtig, langhaarig, mit Sonnenbrille, kaut Kaugummi und stemmt die Hände in die Hüften, als er dem Brigadier gegenübertritt.

„Bitte, nehmen Sie Haltung an", sagt der Ägypter. Er weiß nicht, daß der junge Leutnant seinem obersten Befehlshaber genau so lässig gegenübergetreten wäre. Hier begegnen sich zwei Welten, die durch Geschichte und Vergangenheit geprägt wurden.

Mit großer Mühe hieven die Israelis ihre Verwundeten über die steile Uferböschung herunter an den Kanal, wo Schlauchboote sie an das andere Ufer und in Gefangenschaft bringen. Der Leutnant reicht schließlich die blauweiße Flagge mit dem Davidstern zusammengefaltet dem ägyptischen General, der sie in die Linke nimmt und einen militärischen Gruß andeutet.

Dann geht diese Szene, die inmitten des blutigen und erbarmungslosen Gemetzels ein Stück längst vergessener Ritterlichkeit offenbart, schnell vorüber. Als der junge Leutnant an das andere Ufer gebracht wird, hissen ägyptische Soldaten jubelnd über dem Bunker die eigene Fahne. „Allahu Akhbar", brüllen sie und schwenken ihre automatischen Sturmgewehre über dem Kopf — Allah ist groß.

Die Fronten am Kanal erstarren schnell nach den ersten erfolglosen Angriffen der Ägypter auf die Pässe, die den Weg ins Innere der Sinai-Halbinsel freigeben. Überstürzt, wie sich bald herausstellen soll, wird die 190. motorisierte Brigade unter dem Oberst Assaf Yagouri in die Schlacht geworfen. Wenig nördlich des Großen Bittersees, etwa an der Nahtstelle zwischen der 2. und 3. ägyptischen Armee, rollen Yagouris Panzer auf die ägyptischen Stellungen zu. Später wird einer der ranghöchsten israelischen Offiziere sagen: „Dies war eine unserer schwersten Fehlentscheidungen des ganzen Krieges."

Yagouris Brigade ist mit Tanks vom britischen Typ „Centurion" sowie den amerikanischen M-48 und M-60-Modellen ausgerüstet. Der „Centurion" besitzt eine 105-Millimeter-Kanone, mit der die Besatzung schnell und äußerst genau panzerbrechende Granaten auf ein gegnerisches Ziel schießen kann. Die sowjetischen Panzer T-54 und T-55, mit denen die Araber in die Schlacht gehen, sind diesen „Centurions" technisch klar unterlegen. Ihre 100-Millimeter-Kanone feuert langsamer, zudem hat sie eine geringere Reichweite. Technisch gesehen gilt der „Centurion" jedoch als Mittelalter, als Relikt aus dem Zweiten Weltkrieg.

Der amerikanische M-60-Tank findet sein Ziel mit Hilfe eines Computers, der im Kampfwagen installiert ist. Die Reichweite seiner Kanone übertrifft um etwa 400 Meter die der sowjetischen Panzer. Das kann in der Praxis bedeuten: die Israelis können ägyptische Tanks bereits tödlich treffen, lange bevor diese so nahe herangerollt sind, um ihrerseits wirksam anzugreifen. Klare technische Vorteile also auf seiten der Israelis. Dazu kommt noch der hervorragende Ausbildungsstand ihrer Panzer-Besatzungen sowie die Fähigkeit der Kommandanten, schnell zu improvisieren, wenn es nötig wird.

Yagouris Panzer werden bei ihrem Sturm auf die ägyptischen Linien mit einem Raketen-Hagel eingedeckt, lange bevor sie in die Reichweite der gegnerischen Tanks gerollt sind. „Hinter einer Düne", funkt ein Kommandant, „laufen Hunderte von Ägyptern durcheinander. Panzer sind nicht zu sehen."

Aber ein israelischer Tank nach dem anderen fliegt in die Luft, viele bleiben liegen, brennen. Munition explodiert im Inneren, Soldaten zwängen sich ins Freie, werden von anderen Panzern evakuiert. Die Israelis sind in eine Falle geraten, die ägyptische Infanteristen mit geradezu lächerlich kleinen Waffen errichtet haben, die die Generale in der ganzen Welt zum strategischen Umdenken zwingen werden.

Die Funksprüche israelischer Panzer-Offiziere spiegeln meist die Überraschung wider, mit der kaum einer von ihnen gerechnet hat. „In der Dämmerung entdecke ich die Silhouetten von mehreren T-62-Tanks", meldet ein Leutnant namens Ezra. „Wir schießen uns auf die Ziele ein, der erste von ihnen fliegt in die Luft. Dann der zweite. Plötzlich brechen zwischen den Tanks Jeeps vor, mit aufmontierten Raketen. Wir rollen ihnen entgegen und erledigen sie, als sie noch 50 Meter entfernt sind."

Dieser Krieg paßt so gar nicht in die bisher gängigen Konzepte israelischer Generalstäbler. Panzer gegen Panzer, das war eine der Möglichkeiten. Flugzeug oder Artillerie gegen Panzer, das war eine andere. Die Ägypter aber, die lassen ihre Infanterie weit vor den Tanks kämpfen. Eine Infanterie freilich, die mit den neuartigen Raketen nicht nur ausgerüstet ist, sondern diese auch bedienen kann.

„Jeder Ägypter scheint so ein Teufelsding dabeizuhaben", sagt ein Panzerschütze in einer Gefechtspause. In Bir Gifgafa, dem Hauptquartier, meint ein hoher Offizier: „Ohne Rücksicht auf Verluste lassen die Ägypter die Infanterie angreifen. Eine Welle folgt der anderen. Wir machen sie mit allem, was wir haben, nieder. Aber es sind immer wieder neue da. Ich habe selbst einen Abschnitt gesehen, in dem über einen Kilometer lang die Wüste voll von Toten war."

Immer wieder ist bei den Soldaten das Wort „unbelievable" zu hören. Unglaublich ist in ihren Augen die Zahl der Panzerabwehr-Raketen, mit denen die Araber anrücken. In der Wüste Sinai ebenso wie auf den Golan-Höhen. Nach englischen Schätzungen wurden allein in den ersten Tagen des Krieges annähernd 200 israelische Tanks durch diese drahtgesteuerten Raketen vernichtet. Am Ende des Krieges sind von 1 900 Panzern der Armee Moshe Dayans mehr als ein Viertel diesen sagenhaften „Lenkwaffen", und nicht etwa anderen Tanks, zum Opfer gefallen.

Es müssen Tausende gewesen sein, die auf die Israelis abgefeuert wurden. Dabei ist diese Waffe den Israelis nicht unbekannt. „Früher hatte eine Einheit vielleicht ein oder zwei von diesen Dingern", sagt ein Leutnant. „Jetzt aber sind von dreißig Mann sieben damit ausgerüstet."

Die „Dinger" heißen im NATO-Sprachgebrauch „Swatter", „Sagger" und „Snapper". Sie unterscheiden sich durch die Reichweite, durch die Technik der Lenkung, die im Prinzip jedoch stets auf das gleiche hinausläuft. Sagger und seine Genossen sind nicht Geschosse, die — einmal abgefeuert — unbeirrt in die eine Richtung fliegen. Die Saggers können ihren Kurs ändern, können den Gegner verfolgen. Eine tödliche Waffe. Tomalins Wagen wurde beispielsweise von einem solchen Geschoß getroffen.

„Diese Waffen setzen", sagt der Leutnant, „einen

kurzsichtigen Mann in die Lage, aus drei Kilometer Entfernung, in sicherer Deckung stehend und für den Panzer unsichtbar, einen Stahlkoloß zu vernichten."

Er muß nur seine Rakete — das heißt einen Lichtpunkt an ihrem Ende — im Auge behalten. Ein kleiner Steuerknüppel in seiner Hand gibt alle Lenkkommandos über Draht an die Rakete weiter. „Der Schütze hat lediglich aufzupassen, daß er die Sagger hoch genug fliegen läßt, damit sie über alle Hügel oder Dünen hinwegkommt. So schnell fährt kein Panzer, daß er ihr entkommen kann, wenn der Mann am Drücker das Fahrzeug richtig im Auge behält."

Ein anderer Israeli: „Ich habe den Draht in der Hand gehabt, der sich in der Rakete abspult und die Funkkommandos überträgt. Er ist unzerreißbar."

Generale müssen umdenken

In der Bundesrepublik sagt General Johannes Steinhoff, Vorsitzender des Militärausschusses der NATO, angesichts der Erfolge dieser Raketen im Nahost-Krieg zum „Spiegel": „Die These etwa, daß der Panzer primär nur durch die Panzer abgeschossen werden kann, ist danach auf die Dauer nicht mehr zu halten . . . Wir haben jetzt den Beweis dafür, daß diese relativ billigen Waffen sehr kostenwirksam sind, daß man Waffensysteme, die mehr als eine Million kosten, damit anhalten und abschießen kann."

Noch konkreter gesagt: Eine „Sagger" kostet ein paar tausend Mark. Trifft sie einen „M-60"-Panzer, so ist ein Fahrzeug im Wert von fast 800 000 Mark vernichtet.

Auch diese Erkenntnis scheint für Europas Waffen-techniker, mit Verlaub gesagt, ein alter Schnee. Von den „Saggers" und „Swatters" gibt es bereits eine neue Generation, bei der sogar die Hand des Schützen — die im Gefecht vor Nervosität zittern und so die Rakete ins Flattern bringen kann — nicht mehr benötigt wird. Er braucht sein Ziel nur im Fadenkreuz eines Fernglases festzuhalten. Inzwischen sind neue Waffen im Entstehen, die noch billiger sein sollen.

„Gehört der Tank der Vergangenheit an?", fragt deshalb die „Jerusalem Post" nach den tödlichen Erfahrungen dieses schwarzen Oktobers. Was immer an Waffen entwickelt wird — Israel fürchtet, daß der Nahe Osten von den Großmächten dafür als Versuchsfeld benutzt wird, als Erprobungsstätte des Todes. Wie es jetzt schon der Fall war . . . Der Durchbruch-Versuch der 190. Brigade unter Oberst Assaf Yagouri wird als eine der erbittertsten Schlachten in die Geschichte dieses Krieges eingehen.

„Wir rollten auf eine Düne hinauf", erzählt ein neunzehnjähriger Soldat, „und waren plötzlich mitten in einer Stellung, die nur aus Raketen zu bestehen schien. Wir machten die Ägypter mit dem Maschinengewehr nieder. Unser Tank wurde getroffen. Das Maschinengewehr im Turm feuerte selbständig weiter, als wir von einem anderen Panzer evakuiert wurden."

Ein anderer Tank wird getroffen, die Soldaten springen hinaus in den Sand. Aber der Tank rollt ohne Besatzung weiter, der Fahrer hat vor seinem Ausstieg den Gang blockiert. Der brennende Tank kippt schließlich über eine Düne ab und explodiert mitten unter den Ägyptern.

Yagouri ist, wie es für viele israelische Panzerkommandanten Übung ist, an der Spitze eines Panzer-Trupps auf die gegnerischen Linien zugerollt. Sein Tank erhält einen Volltreffer und geht sofort in Flammen auf. Yagouri wird gefangengenommen, nachdem seine 190. Brigade von einer Übermacht praktisch aufgerieben worden war. Yagouri erklärt am selben Abend niedergeschlagen im ägyptischen Fernsehen: „Die ägyptischen Verbände sind uns klar überlegen gewesen."

Dies ist der Moment, in dem Sadats Stabschef Saadeddin Shazli nach seiner Inspektion des auf dem Ostufer des Kanals wiedergewonnenen Terrains vor seinem Präsidenten behaupten kann: „Der Sinai wird zum Grab für unsere Feinde."

Sadat weiß, was er diesem 53jährigen Offizier zu verdanken hat. Fast 100 Millionen Araber, die den Präsidenten bisher als Zauderer verspottet haben, als Maulhelden und sogar Feigling, blicken jetzt dankbar nach Kairo. Sadat hat diesen Menschen ihren Stolz zurückgegeben, den Israels Armee in mehreren Kriegen so deprimierend leicht zerbrochen hatte.

Shazli hat alle diese Kriege mitgemacht, er kennt am besten die Stärken der Israelis, die er — anders als viele seiner Offiziers-Kollegen — nie unterschätzt hat. In den Schlachten nach der Staatsgründung Israels kommandierte Shazli 1948 eine kleine Einheit in der Negev-Wüste und mußte sich zurückziehen. Während der Sinai-Kampagne 1956 wurde seine Fallschirmjäger-Einheit aufgerieben, 1967 war er Divisions-Kommandeur.

Seine Aufgabe sollte es damals sein, mit seinen Panzern den südlichen Negev zu durchstoßen und zusammen mit König Husseins Truppen die Hafenstadt Eilat vom übrigen Israel abzuschneiden. Shazlis Division aber wurde von General Abraham Joffes Panzervorstoß überrollt und aufgerieben, Shazli befand sich plötzlich hinter den Linien. Als Beduine verkleidet, schlägt er sich zum Kanal durch, den er in der Nacht durchschwimmt. Nasser ernennt den hochgewachsenen Offizier mit den Augen eines Raubvogels zum Kommandeur aller Kommando-Truppen.

Shazli wird 1971 zum Generalstabschef berufen, in demselben Jahr, das für Ägypten — wie Sadat nicht müde wird zu behaupten — zum Jahr der Entscheidung werden sollte. Das bedeutet: Wiedereroberung der seit 1967 von Israel besetzten Sinai-Halbinsel.

Shazli ist bei seinen Soldaten außergewöhnlich beliebt. Er baut jene Schranken ab, die zwischen den einfachen Fellachen-Soldaten und ihren privilegierten Offizieren haushoch standen. Als im Mai 1973 eine Blutbank für die Armee eröffnet wird, entblößt Ägyptens ranghöchster Soldat seinen Arm und spendet als erster. Das hatte es bisher in Ägyptens Armee noch nie gegeben.

Kurz vor dem spektakulären Rausschmiß der Russen im Juli 1972 brüllte Shazli bei einer Inspektion einen russischen Militärberater nieder, der den Soldaten ärgerlich gesagt hatte: „Ihr Ägypter seid zu primitiv, um gewisse Dinge zu lernen." Sein Verhalten imponierte den ägyptischen Soldaten mehr als eine gewonnene Schlacht.

Nur ganz wenige Männer kannten den genauen Termin, zu dem die Armeen von Ägypten und Syrien angreifen würden. Shazli hatte darauf gedrängt, daß nicht mehr als ein Dutzend Personen ins Bild gesetzt wurden. Er kennt die Findigkeit des israelischen Geheimdienstes und er kennt die Schwatzhaftigkeit seiner arabischen Landsleute. Nur so konnte die Überraschung gelingen.

Aber auch politisch verdankt Präsident Sadat seinem Generalstabschef eine Entwicklung, die niemand für möglich gehalten hat. War schon der genau abgestimmte und gemeinsame Angriff von Syrien und Ägypten eine Überraschung, so schloß sich nach den Anfangserfolgen eine arabische Front, die praktisch alle Staaten umfaßte. Der Irak schickt Truppen an die Front, marokkanische Gebirgsjäger kämpfen auf dem Hermonberg. Saudi-Arabiens konservativer König Feisal stellt Geldmittel in unbegrenzter Höhe zur Verfügung. Algeriens revolutionärer Präsident Boumedienne schickt Kampf-Flugzeuge. Sudanesische Infanteristen werden an den Kanal verlegt, tunesische Sanitäter arbeiten in syrischen Krankenhäusern. Als auch Kuweit aktiv in den Krieg eintritt, taucht erstmals eine Vision in der Vorstellungswelt des Westens auf, die schon bald zum Alptraum werden wird: Eine neue Waffe wird eingesetzt — Öl.

Nur eine persönliche Enttäuschung trübt das Hochgefühl, das Shazli in diesen Tagen umgibt: ausgerechnet seine Lieblingstruppen, die Kommandos, haben als einzige ihre Ziele nicht erreicht. Mit Hubschraubern und dem Auftrag auf den Weg geschickt, in Sinai den israelischen Nachschub zu unterbinden sowie strategisch wichtige Punkte zu besetzen und zu halten, bis der geplante ägyptische Vormarsch sie erreicht, werden diese Kommandos eine schnelle Beute israelischer Flugzeuge und Fang-Trupps.

Jagd ohne Überlebende

Bei Kommando-Aktionen gibt es selten Gefangene. Die wenigen der hervorragend ausgebildeten und ausgerüsteten ägyptischen „Special Forces", die im Sinai abgesetzt werden, haben keine Chance gegen Israels Spezialeinheiten, die seit Jahren gegen die palästinensischen Guerillas einen erfolgreichen Krieg führen.

Bei El Kantara hat der Leutnant Avram eine ägyptische Einheit aufgespürt. Er erzählt seine Geschichte so kühl wie ein Statistiker eine Hochrechnung wiedergeben würde. „Wir schlossen sie in den Sümpfen ein und machten uns über sie her. Dabei haben wir 30 Kommando-Soldaten getötet. Das waren wohl alle."

Am nächsten Tag ein neuer Einsatz, diesmal an der Küstenstraße, die südlich des Suez-Kanals am Roten Meer entlang nach Sharm el Sheikh hinunterführt. Hier haben Kommandos die Ölfelder von Abu Rodais in Brand geschossen, eine andere Gruppe ist nördlich davon bei Ras Sudr abgesetzt worden. Zehn Ägypter haben dort einen Luftangriff der Israelis überlebt und sich neben der Straße verschanzt. „Ich ließ meine Leute von den gepanzerten Wagen abspringen", erzählt Avram. „Sie fuhren die Straße auf und ab und feuerten unablässig. Wir erledigten dann die Ägypter von der Seite her, alle zehn."

Fast wahnsinnig vor Durst, Hunger und Erschöpfung laufen immer wieder Versprengte den Israelis in die Hände. Ein Hubschrauber-Pilot, dessen Maschine mit allen Insassen am ersten Kriegstag von israelischen Flugzeugen abgeschossen wurde, irrt sechs Tage durch die Wüste. Er hat schwere Brandwunden am ganzen

Körper. „Aber ich merkte das erst", sagt er nach seiner Gefangennahme, „als ich an das Meer gelangte und mich ins Salzwasser fallen ließ."

Sidney Loeb, Professor an der Universität von Berschewa in der Negev-Wüste, nimmt einen Kommando-Offizier gefangen, obwohl er das eigentlich gar nicht möchte. Loeb war in den Sinai gefahren, um Süßigkeiten an die Truppen zu verteilen. Auf der Rückfahrt trifft er auf einen Mann, offensichtlich ein Anhalter. „Ich hatte es eilig", erzählt Loeb, „und wollte weiterfahren. Aber der Mann trat mitten auf die Straße und ich mußte bremsen." Erst dann merkt er, daß da ein Ägypter vor ihm steht, der nur eines will: raus aus der verdammten Wüste.

Aber der Krieg in der Sinai-Wüste ist alles andere als eine Spazierfahrt den Dünen entlang, so wie sie der Professor wohl erlebt hat. Am neunten Tag des Krieges, es ist Sonntag, der 14. Oktober, haben Israelis und Ägypter rund um den Kanal Panzerkräfte in Stellung gebracht, die zu den zahlenmäßig umfangreichsten gehören, was die Welt bisher gesehen hat. In El Alamain warf Feldmarschall Erwin Rommel 575 Panzer der 8. britischen Armee von Montgomery entgegen, die mit rund 1 100 Tanks operierte.

Obwohl beide Gegner genaue Zahlen nicht bekanntgeben, dürften sich in der Sinai-Halbinsel um diese Zeit Panzer in dieser Zahlenordnung auf eine Entscheidungsschlacht vorbereiten. (Für Interessierte an Militärgeschichte noch ein paar andere Zahlen: die größte bisher bekanntgewordene Panzerschlacht fand 1943 bei Kursk statt. Fast 2 000 deutschen Panzern standen 1 035 sowjetische gegenüber. Um Stalingrad kam es zur Schlacht zwischen 2 000 russischen und rund 1 000 deutschen Panzern.)

Im Morgengrauen des 14. Oktober starten die Ägypter an fast allen Front-Abschnitten eine Offensive, die bis zum späten Abend dauert. Die Israelis, die sich in den Ausläufern der drei Pässe gut getarnt und geschützt festgesetzt haben, schlagen die Angriffe zurück.

Die Ägypter verlieren an diesem Tag mindestens 200 Tanks.

Gelegentlich geraten die feindlichen Panzer so nahe aneinander, daß sie sich beim Manövrieren anschrammen. Ein israelischer Tank-Kommandant erzählt: „Hinter einer Düne stoßen wir auf mehrere T-54. Wir schießen drei ab, aber der vierte rollt auf uns zu, ohne zu schießen. In dreißig Meter Entfernung bleibt er stecken. Die Luke im Turm ist geschlossen. Ich war einfach zu nahe, um noch mit meiner Kanone zu schießen. Da ließ ich unseren ‚Centurion' zurückrollen und zerstörte den Tank aus 100 Metern Entfernung."

Ein anderer Tank-Führer beschießt, offen in seinem Turm stehend, mit dem MG eine Infanterie-Stellung. „Da wurde mein Tank von hinten getroffen, ich wurde in den Sand geschleudert."

Als der Offizier aus seiner Ohnmacht erwacht, liegt er in einem Graben, aus dem heraus ägyptische Soldaten ihre Raketen abfeuern. Er stellt sich tot. Die Ägypter steigen über ihn hinweg, nach einigen Stunden breitet ein Soldat eine Armee-Decke über sein Gesicht. „Ich lag viele Stunden lang da und wagte nicht, mich zu rühren. Manchmal hob einer der Ägypter das Tuch hoch, wohl um zu sehen, ob da ein toter Freund oder Feind liegt."

In der Nacht, als die Israelis einen Gegenangriff starten, werfen die Ägypter den „Toten" aus dem Graben.

„Ganz langsam robbte ich los, immer in Richtung Osten, wo ich unsere Leute vermutete." In einem zerschossenen Tank findet er Wasser, versteckt sich ein paar Stunden. Die ganze Nacht über schlagen Granaten um ihn herum ein. Im Morgengrauen findet ihn schließlich eine eigene Patrouille.

Im Nordabschnitt, nahe der Sümpfe, die sich am Kanal entlang bis nach Port Said hinaufziehen, liegt an diesem Tag Yoar Breuer in einem Graben. Ihm gegenüber, vielleicht 200 Meter entfernt, haben sich die Ägypter eingegraben. Beim Angriff der Israelis wird Breuers Kommandeur getötet, der Soldat durch die Explosion einer Handgranate verletzt. „Ich ließ mich einfach in ein Loch fallen", sagt er. Er fällt auf einen Körper, auf einen ägyptischen Soldaten, den er an der hellen Uniform erkennt und der mit dem Kopf nach unten auf dem Grund liegt, offenbar tot.

Plötzlich bewegt sich der Ägypter. „Aber das Loch war zu eng und ich war so schwach, daß es mir nicht gelang, ihn mit meiner Waffe bewußtlos zu schlagen." Drei Stunden lang drückt Breuer den Ägypter in das Loch, aus dem dieser — offenbar im Schock — immer wieder auszubrechen sucht. „Draußen wären wir sofort getroffen worden." Als israelische Soldaten auftauchen, richtet sich Breuer auf und sieht dabei zum ersten Male das Gesicht seines Gegners: es ist von Brandwunden übersät.

Der Krieg erhält an diesem Tag eine neue Ausdehnung. Golda Meir hat an ihren immer noch in New York befindlichen Außenminister Abba Eban eine Hiobsbotschaft geschickt: Israel hat nur noch für vier Tage Munition, wenn der Krieg in der bisherigen Intensität weitergeht. Henry Kissinger nimmt diese Nachricht entgegen, ohne Eban zusichern zu können, daß nun auch die USA Waffen in den Nahen Osten liefern werden.

Längst landen riesige Transportmaschinen vom Typ „AN-22" auf syrischen Flugplätzen. Die Sowjets ersetzen das Kriegsmaterial genauso schnell wie es die Israelis zerstören. Der Pilot einer britischen Chartergesellschaft meint nach einem Flug über den östlichen Mittelmeer-Raum: „Dort herrscht ein Verkehr wie auf dem Picadilly-Circus." Im Funkverkehr wird zu jener Zeit nur noch russisch gesprochen.

Am Mittag dieses Tages überfliegen in großer Höhe und mit dreifacher Schallgeschwindigkeit zwei amerikanische Aufklärungsmaschinen vom Typ „SR-71A" die Schlachtfelder. Sie sind von einer Flugbasis an der amerikanischen Westküste gestartet und ihre hochsensiblen Kameras haben im Nahost alles fotografiert, was die Kriegsführenden haben aufmarschieren lassen. Auf einem amerikanischen Militär-Flugplatz in der Türkei werden die Filme sofort entwickelt und analysiert. Die Amerikaner wissen jetzt genau, welche Reserven Präsident Sadat in die Schlacht werfen kann — nahezu unerschöpfliche. Obwohl der Entschluß erst zwei Tage später öffentlich bekanntgegeben wird, fällt in Washington spät am Abend die Entscheidung: Waffen-Luftbrücke nach Israel.

Die Luftbilder der beiden Aufklärungs-Maschinen müssen den Amerikanern aber auch noch etwas anderes gezeigt haben. Am Mitla-Paß konzentrieren die Israelis in großen Mengen amphibische Tanks, Material zum Brückenbau, riesige Bulldozer. Bleibt den Ägyptern und den Russen dieser Aufmarsch verborgen?

Als die Israelis einen Tag später diesen Konvoi hinunter in Richtung Kanal schicken, sind die Ägypter völlig überrascht. Durch einen genialen Streich gelingt es den israelischen Militärs, dem Krieg und seinem Ausgang eine völlig neue Wende zu geben . . .

Die Wende des Krieges:

Arik Sharon stößt vor

Präsident Sadat tritt als Sieger vor sein Parlament. Er trägt die sandbraune, ordensgeschmückte Uniform der ägyptischen Armee. Jener Armee, deren Soldaten sich nach dem Sechs-Tage-Krieg ihrer Uniform schämten, weil sie zum Symbol wurden für eine schmähliche Niederlage gegen die Israelis. Sadat trägt sie jetzt mit sichtbarem Stolz. Er ist braungebrannt, er lächelt entspannt wie ein Mensch, der viele Jahre lang auf eine gute Nachricht wartete — und der soeben diese gute Nachricht erhalten hat.

Sadats Leibwächter haben Mühe, ihren Präsidenten durch das dichte Spalier von Ehrengästen zu führen. Die Abgeordneten sind vollzählig in der Nationalversammlung versammelt, Repräsentanten der „Arabischen Sozialistischen Union", der ägyptischen Einheitspartei, sind gekommen. Auf der Galerie diplomatische Vertreter aller arabischen Bundesstaaten, Journalisten, ausgewählte Neugierige.

Das Fernsehen überträgt direkt, über das Radio erleben Millionen von Ägyptern die große Szene mit. Sadat zeigt sich zum ersten Male seit Ausbruch des Krieges seinem Volk. (In Kairo verstummen die Gerüchte nicht, daß am Vortag Sadats Halbbruder, ein MIG-Pilot, bei einem Luftkampf ums Leben kam.)

Präsident Sadat weiß an diesem Frühnachmittag des

16. Oktobers, daß er soeben den größten Triumph in seiner nun dreijährigen Amtszeit erlebt: er wird Israel ein Friedensangebot übermitteln. Anders als sein Vorgänger Nasser, der 1956 und 1967 als Geschlagener vor sein Volk treten mußte, weiß Sadat in diesen Minuten, daß er für fast 100 Millionen Araber mit einem neuen Selbstbewußtsein spricht, wenn er sagt: „Wir sind zum Frieden auf der Grundlage der Gerechtigkeit bereit."

Seine Panzer-Armee liefert am Kanal seit nunmehr zehn Tagen den Israelis erbitterte Schlachten. Selbst die schrecklichen Verluste der Ägypter haben die Fronten bisher nicht zum Zusammenbruch gebracht. „Man kämpft nicht nur um zu siegen", hat Außenminister Sayat gesagt. „Man kämpft, weil man recht hat."

Haben die Anfangs-Erfolge am meisten die Araber selbst überrascht, so sind viele von ihnen heute der Meinung, daß Sadat und seine Armee ihnen allen auf jeden Fall etwas zurückgegeben hat, das sie so lange vermissen mußten: ihren Stolz.

Fast zur selben Stunde, als Sadat sich in der Nationalversammlung feiern läßt, landet auf einem Flugfeld bei Kairo der sowjetische Ministerpräsident Alexej Kossygin. Der Besuch wird so geheimgehalten, daß ein Fluglotse in Kairo anfragt, ob er die Maschine überhaupt landen lassen soll, die sich über dem östlichen Mittelmeer zum ersten Male meldete.

Im eleganten Gästehaus, dem Koubbeh-Palast, erfährt Kossygin vom Sowjetbotschafter Wladimir Winogradov, daß Sadat — überzeugt, diesen Krieg gewinnen zu können — von Israel kräftige Zugeständnisse forderte. Kossygin aber weiß durch sowjetische Himmelsspione inzwischen, daß Sadats Zuversicht verfehlt ist. Er wurde in Moskau losgeschickt, um den ägyptischen Präsidenten zu schneller Waffenruhe zu drängen.

In Jerusalem verschiebt an diesem Tag Ministerpräsident Golda Meir ihre Regierungserklärung vor dem Parlament um ein paar Stunden. Sie möchte Sadats Rede abwarten, sie möchte direkt darauf antworten. Sie weiß, daß sie ihren Abgeordneten und ihrem Volk diese Verspätung zumuten kann, denn sie wird zum ersten Male in diesem Krieg eine für das Land wirklich ermutigende Mitteilung machen können: Israelische Truppen haben den Kanal überquert und operieren erfolgreich im ägyptischen Hinterland.

Als Golda Meir am Abend des 17. Oktober gegen 18.30 Uhr diese Neuigkeit enthüllt, befinden sich israelische Truppen bereits seit mehr als 24 Stunden jenseits des Kanals. Was als die geheimste israelische Aktion des ganzen Krieges vorbereitet war, wird zu einem Erfolg, den ein Militär-Analytiker des amerikanischen Verteidigungs-Ministeriums so wertet: „Der gewagteste und genialste Streich aller Nahost-Kriege."

Der „Streich" begann eigentlich bereits am ersten Tag des Krieges mit der Einberufung des Reserve-Generals Ariel Sharon, in ganz Israel unter seinem Spitznamen Arik bekannt — und gefürchtet. Am frühen Morgen des 6. Oktober befand sich Sharon auf seiner neuerworbenen Farm in der Negev-Wüste. Gegen Mittag, also rund zwei Stunden vor Kriegs-Beginn, erhielt er seinen Einberufungs-Befehl, kurz nach 14 Uhr befand er sich an Bord eines Armee-Hubschraubers auf dem Weg in den Sinai, wo er den Befehl über eine Panzer-Division übernehmen sollte. Zu diesem Zeitpunkt stießen die Ägypter bereits auf die Sinai-Halbinsel vor.

Der heute 45 Jahre alte Offizier gehört zu den ganz großen Kriegshelden eines Landes, das so viele Kriegshelden hat. Jael Dayan, die schriftstellernde Tochter von Moshe Dayan, war im Sechs-Tage-Krieg der Panzer-Division von Arik Sharon als Berichterstatterin zugeteilt. In ihrem „Kriegstagebuch" notierte sie: „Ich mißtraute Arik Sharon, weil ich allen Menschen mißtraue, die schon zu Lebzeiten zur Legende werden, meinen eigenen Vater eingeschlossen."

Jael Dayan weiß wie fast jeder Israeli, daß Sharon sein Leben lang Soldat war und kaum eine Gelegenheit ausließ, seine eigene Legende zu beleben. Nach dem Unabhängigkeits-Krieg von 1948 ließ er sich zunächst an der Universität von Jerusalem einschreiben. Er war der Meinung, Kriege um den neuen Staat wird es nicht mehr geben, also auch sein wirkliches Hobby nicht in größerem Umfang — die Armee.

Schon wenige Wochen nach dem Waffenstillstand aber dringen arabische Guerillas in israelische Dörfer ein. Bis Ende 1951 sind 110 Zivilisten von den Eindringlingen getötet worden. Sharon und ein paar seiner verwegenen Freunde werden vom Militär-Kommandeur von Jerusalem für eine Aktion angeheuert, die zunächst wie ein Indianer-Spiel wirkt.

Ein paar Tage später dringen die Burschen in ein jordanisches Dorf und sprengen ein Haus in die Luft. Die Armee, deren Soldaten mit den arabischen Guerillas bisher nicht fertig wurden, ist begeistert: Sharon wird beauftragt, ein paar Pläne für die erfolgreiche Abwehr dieser Gefahr zu entwerfen.

Sharons Vorschläge sind simpel und sie leuchten den Armee-Oberen schnell ein. Sie lauten: „Auge um Auge."

Ein weiterer: „Man muß dort zuschlagen, wo der Feind es am wenigsten erwartet."

Der damalige Verteidigungs-Minister Pinchas Lavon gibt grünes Licht zur Gründung der ersten israelischen Kommando-Truppe: der Einheit „101" unter Arik Sharon. Es sind nur 18 Männer, die Sharon einem harten Training in der Negev-Wüste unterwirft. Es gibt keine Rangunterschiede, keine Orden, keine Uniformen und — keine Deckung von oben. Das heißt von der Regierung.

Die Regierung in Jerusalem behauptet stets, von nichts zu wissen, wenn Sharon und seine Männer tief im Feindesland wieder einmal zugeschlagen haben.

Im Oktober 1953 ziehen sie über die Grenze nach Jordanien. Ihr Ziel ist ein Dorf namens Kybiah, von wo aus arabische Guerillas nach Israel eingedrungen sind.

Sharon und seine Männer schleichen sich während der Nacht in das Dorf ein. Was danach wirklich geschah, konnte nie ganz geklärt werden. „Wir forderten die Bewohner auf", sagt Sharon, „aus ihren Häusern zu kommen. Als sie alle draußen waren, sprengten wir die Häuser in die Luft. Alle natürlich."

Einen Tag später wurde bekannt: In den Trümmern der Häuser starben 69 Menschen, meist Frauen und Kinder. Etwas später läßt Sharon nach einem Überfall einen seiner Führer durch Lautsprecher aus einem Kino holen: „Dein Freund Markus ist getötet worden. Übernimm sein Bataillon und räche ihn."

Der damalige Generalstabs-Chef Moshe Dayan löst Ende 1953 die gefürchtete Einheit „101", genannt die „Meschuggenen", also die „Verrückten" auf. Er möchte in Zukunft ihre harte Ausbildung und ihren Kommando-

Geist auf alle Abteilungen der israelischen Armee übertragen. Arik Sharon wird Kommandeur der Fallschirmjäger, die er ganz schnell zu einer Elite-Formation machen wird.

Während der Sinai-Kampagne erhält Sharon den Auftrag, mit seinen Fallschirmjägern am Mitla-Paß, dem Tor zum Suez-Kanal, abzuspringen, zu warten, bis die israelischen Panzer bis dahin durchgestoßen sind, und auf keinen Fall die starken ägyptischen Positionen am Paß anzugreifen. Die Fallschirmjäger haben nach siebenstündigem Kampf den Mitla-Paß besetzt — entgegen den Befehlen von Dayan.

„Ich bin wütend", schreibt Dayan in sein Tagebuch, „über die Nichtbefolgung meines Befehls. Aber ich kann die Leute verstehen." Nach dem Sechs-Tage-Krieg, den Sharon als Kommandeur einer Panzer-Division um Sinai verbringt, wird er zum Oberbefehlshaber der Südfront, das bedeutet: er ist verantwortlich für die Front am Suez-Kanal.

Sharon macht sich in Jerusalem kaum Freunde, als er den Plan des neuen Generalstabs-Chefs Chaim Bar-Lev kritisiert, am Kanal ein starres Bunker-System zur Verteidigung zu errichten. „Das sind Kinderspielzeuge, tödlich für unsere Armee." Sharon, der geborene Kommando-Soldat, „Israels erster Guerilla", plädierte für bewegliche Verteidigung mit schnellen Panzer-Kräften. Die Bar-Lev-Linie, von Generals-Kollegen die „beste Panzerfalle der Welt" genannt, war auch in Sharons Augen eine tödliche Falle — freilich für die Israelis. Er konnte nicht voraussehen, daß er damit schon bald recht behalten sollte.

Am 15. Juli 1973 verläßt Arik Sharon ziemlich abrupt

die Armee. Ihm ist angedeutet worden, daß er wohl nie Generalstabs-Chef werden könne — schon aus politischen Rücksichten. Das Scherzwort nämlich, das einmal ein Freund über ihn geprägt hatte, erschien Golda Meir und ihren Ministern in Jerusalem überhaupt nicht komisch. Es lautete: „Wenn man Arik ein paar Panzer gibt und genügend Sprit, dann rollt er durch ganz Ägypten."

Ein General macht Politik

In Jerusalem kennt man nur zu genau seine Forderungen, die er während des „Abnützungs-Krieges" am Kanal an die Regierung übermittelt hatte: Er verlangte Kommando-Unternehmen auf die ägyptische Seite des Wasserweges und Zerstörung der Artillerie-Stellungen, Raketen-Batterien und Flugplätze.

„Wir hätten uns viel erspart", sagt Sharon, als er nach Kriegsbeginn mobilisiert wurde, „wenn wir damals schon richtig zugeschlagen hätten."

Nach seinem Abschied vom Militär geht Sharon in die Politik. Ein Haudegen wie er, der eigentlich sein ganzes bisheriges Leben mit Kriegführen zugebracht hatte, konnte nur bei einer nationalistischen Rechtspartei landen. Dem „Marschall Vorwärts" gelingt dabei ein Kunststück, an dem viele vor ihm kläglich gescheitert sind: er vereinigte die untereinander zerstrittenen Parteien zu einem bürgerlichen Rechtsblock (Likud), der mit guten Aussichten in die für ursprünglich 28. Oktober angesetzten Parlamentswahlen ging.

Der Krieg unterbrach den erbittert geführten Wahlkampf und am 14. Oktober befindet sich Sharon als Kommandeur einer Panzer-Division tief in der Sinai-Halbinsel.

„Ich war entsetzt", sagt Sharon, „über den bisherigen Kriegsverlauf. Materialschlachten mit starren Fronten, das kann sich unser kleines Land nicht leisten." Natürlich hat er eine Idee, aber diese Idee hatten bereits andere vor ihm — und diese Offiziere waren von Moshe Dayan und Generalstabs-Chef David Elazar zunächst niedergestimmt worden: ein Vorstoß über den Kanal.

„Im Hauptquartier", sagt Sharon, „gab es nach meiner Ankunft nur noch Diskussionen darüber, wer den Vorstoß führen sollte. Kein Wort darüber, wie." Sharon soll damals geschrien haben: „Ich will nicht euch, sondern den Ägyptern Ärger machen. Jetzt habe ich keine Zeit, jetzt muß ich kämpfen. Aber wenn der Krieg vorüber ist, dann setzt euch am besten im Parlament Stahlhelme auf."

Dann braust Sharon in seinem Kommando-Wagen in die Wüste. „Als wir ihn kommen sahen", erzählt ein Soldat seiner Einheit, „gab uns schon sein Anblick große Zuversicht. Er trug keinen Stahlhelm, trotz der schweren Bombardements. Wir wußten alle, daß nur Arik fähig ist, dem Krieg eine Wende zu geben."

An diesem Tag, es ist der 14. Oktober, legen die Ägypter 90 Minuten lang ein mörderisches Artilleriefeuer auf die israelischen Stellungen an der ganzen Kanalfront. Etwa 1200 Geschütze eröffnen im Morgengrauen mit Granaten aller Kaliber das Feuer. Als die Geschütze verstummen, beginnt der Angriff. Tausende von Infanteristen brechen aus den Schützenlöchern, hinter ihnen rollen die schweren Tanks an.

Aber die Israelis haben jetzt die Taktik geändert, sie passen sich dem ägyptischen Angriffs-System an: Infanterie und Fallschirmjäger erwarten die Ägypter. Im Vorfeld des Panzeraufmarsches kommt es zu Kämpfen, Mann gegen Mann. „Sie stürmen immer wieder vor" sagt ein Fallschirmjäger-Offizier. „Oft stolperten sie über ihre eigenen Toten."

Nördlich des Großen Bittersees, der ein Teil des Suez-Kanals ist, hämmert Israels Luftwaffe den ganzen Tag über auf den Gegner ein. Eine der ägyptischen Pontonbrücken wird getroffen und zerstört. Luftaufnahmen zeigen später, daß eine fürchterliche Explosion den Übergang gesprengt haben muß: Die Wracks der riesigen Pontons liegen weit in der Wüste zerstreut.

Am Mitla-Paß geraten die feindlichen Tanks wieder einmal so nahe zusammen, daß sie oft gar nicht mehr aufeinander schießen können. Ein israelischer Tank-Kommandant läßt seinen „Centurion" neben drei nach vorne feuernde ägyptische Panzer rollen. Bevor sie ihn bemerken, öffnet er den Turm und schleudert Handgranaten in ihre Panzerketten. Zwei Tanks bleiben bewegungslos, der dritte dreht den Turm und trifft den „Centurion" aus 20 Meter Entfernung.

An diesem 14. Oktober konzentrieren sich die Angriffe der Israelis auf ein Stück Wüste nördlich des Bittersees. Als die Dämmerung hereinbricht und die Flugzeuge nicht mehr so erfolgreich operieren können, übernimmt die Artillerie das Bombardement.

In dieser Gegend ist genau vor einer Woche Oberst Assaf Yagouri in Gefangenschaft geraten, nachdem seine 190. gepanzerte Brigade aufgerieben worden war. Es ist die Nahtstelle zwischen der 2. ägyptischen Armee, die den Nordabschnitt des Kanalufers besetzt hält und der 3. ägyptischen Armee, die im Süden rund um die Stadt Suez operiert und verzweifelt versucht, an den Mitla-Paß heranzukommen.

In der Nacht läßt Arik Sharon eine seiner Panzer-brigaden die Ägypter frontal angreifen. Die Israelis durchstoßen die Linien und es gelingt ihnen, zum Ost-ufer des Kanals durchzustoßen. Entlang der Straße, die von schwachen ägyptischen Reserve-Einheiten besetzt ist, breiten sich Sharons Panzer — noch immer in der Nacht — über eine Front von fast zehn Kilometer Länge aus. Sie haben jetzt die Ägypter in der Zange.

Noch hat kein Israeli den Kanal überschritten. Sharon muß erst dafür sorgen, daß sein Nachschub ungestört zu seinen Vorausabteilungen gelangen kann. Drei ägyptische Panzer-Brigaden stehen zwischen seinen durchgebrochenen Tanks am Kanal und seinen übrigen Truppen in der Wüste.

Im Morgengrauen läßt Sharon diese ägyptischen Brigaden angreifen, von vorne und von hinten. „Das war wie ein Truthahn-Schießen", erinnert sich ein Panzer-Kommandant. „Die Wüste stand voll von bren-nenden Panzern." Es war die blutigste Schlacht des gan-zen Krieges — die Ägypter verloren fast 400 Panzer zwischen Morgengrauen und dem Abend.

Der Weg zum Suez-Kanal ist jetzt frei und Sharon handelt schnell. Wieder ist es Nacht, als Sharon seinen schweren Panzern vom Typ M-60, Amphibientanks und motorisierten Mannschaftswagen, die vollgeladen sind mit Fallschirmjägern, einen Befehl zuruft, den er so oft gegeben hat: „A'ch'ray" — Mir nach!

Seine Streitmacht bewegt sich durch die Dünen in

151

Richtung Kanal. Es dauert nicht lange, dann wird der Konvoi von den Ägyptern entdeckt. Leuchtraketen steigen in den Himmel, die Wüste ist taghell beleuchtet. „Es war wie eine Sturmfahrt durch einen riesigen Friedhof", erzählt ein Fallschirmjäger. „Rauchende Panzer, Tote und das alles in dem kalten Licht der Leuchtraketen."

Am nächsten Morgen säumen Sharons Weg zum Kanal zerschossene Wracks, soweit das Auge blickt. Auch die israelischen Verluste sind gewaltig. Denn: „Hier klotzen wir mächtig ran", sagt ein Panzer-Kommandant. Arik Sharon ist mittendrin im erfolgreichsten Kommando-Unternehmen seines Lebens.

Etwa um Mitternacht erreicht Sharons Truppe das Ostufer des Kanals, trifft auf die in der Nacht zuvor durchgebrochenen Reste seiner Panzer-Brigade. Er läßt seine Tanks südwärts schwenken, ihnen hinterher werden riesige Flöße auf Tiefladern geschickt. Die Panzer erreichen nach wenigen hundert Metern das Ostufer des Großen Bittersees, der hier seine breiteste Ausdehnung hat, fast acht Kilometer.

Auf den Flößen werden die ersten Panzer übergesetzt, amphibische Tanks tauchen ins Wasser. Am ägyptischen Ufer bleibt zunächst alles ruhig. „Wir haben", sagt später ein ägyptischer Hauptmann in israelischer Gefangenschaft, „alles Mögliche erwartet: nur das nicht, ein Übersetzen am See."

Weiter nördlich sind inzwischen Sharons Fallschirmjäger in Gummibooten über den Kanal gegangen. Hier wurde im Laufe des Vortages eine Pontonbrücke zerstört, allem Anschein nach in einem Moment, als Dutzende von Fahrzeugen darüberrollten. Im Kanal liegen

Panzer, nur die Kanonen ragen noch über die Wasseroberfläche. Leichen schwimmen zu Hunderten im Wasser. „Der Geruch war schrecklich", erzählt ein Soldat über jene Nacht.

Die übersetzenden Fallschirmjäger gehören zu jener Elite-Brigade, die im Sechs-Tage-Krieg von 1967 die arabische Altstadt von Jerusalem erobert hat. Da Israel die vielen Heiligen Stätten schützen und schonen wollte, wurden die Fallschirmjäger ohne schwere Waffen und ohne die sonst übliche Artillerie-Vorbereitung in den Kampf um Jerusalem geworfen. In verlustreichen Nahkämpfen, oft Mann gegen Mann, eroberten sie die Altstadt.

Auf der ägyptischen Seite des Kanals wartete noch eine schwerere Aufgabe auf sie . . .

Als der Morgen graut, ist Arik Sharons Expeditionskorps fast vollzählig auf der ägyptischen Seite des Kanals. Versteckt in den dichten Orangen-Hainen und hinter wuchernden Eukalyptus-Stauden erwarten seine Panzer-Soldaten den Gegenangriff der inzwischen alarmierten Ägypter.

„Es war ein Gemetzel, wie ich es noch nie erlebt habe", berichtet ein Tank-Kommandeur, der aus der Deckung heraus sieben ägyptische Panzer abgeschossen hat. „Ihre Flugzeuge kamen, aber auch sie konnten nicht viel gegen uns ausrichten." Die Ägypter, die aus den brennenden Tanks aussteigen, wissen nicht, wo sie hinlaufen sollen. Sie werden von allen Seiten beschossen.

Explosionen im ägyptischen Hinterland zeigen Sharon an, daß seine Fallschirmjäger damit begonnen haben, den tödlichen Raketen-Zaun der Ägypter niederzureißen: die Batterien der „SAM-2"- und „SAM-3"-Flugabwehr-Raketen fliegen in die Luft, eine nach der anderen.

Leuchtfeuer gegen Raketen

In diesem Krieg sind manchmal auch Nicht-Ereignisse erwähnenswert. Höchst interessant beispielsweise, daß der junge Pilot, der mit dem Vornamen Pinchas vorgestellt wird, in *keinen* Luftkampf verwickelt worden ist. „Diese Erfahrung fehlt mir noch. Da waren immer nur diese verdammten Raketen. Aber andere Einsätze habe ich genug geflogen", erzählt er nach der ersten Woche dieses Kriegs.

Von Raketen abgesehen, waren die Israelis manchmal allein in der Luft, weil arabische Flugzeuge gewisse Frontabschnitte sorgsam mieden. Sie gingen so den eigenen Raketen aus dem Weg. Denn diese hervorragenden neuen Geschosse können nicht immer Freund und Feind unterscheiden. Wenn „Newsweek" recht informiert ist, dann haben diese gegen die Israelis gerichteten Raketen im Laufe des Krieges mindestens vierzig ägyptische und zwölf irakische Flugzeuge abgeschossen.

Es war ein gewaltiger Raketenschirm, den die Ägypter und die Syrer errichtet hatten. „Unbelievable", unglaublich — dieses Wort, auf die Zahl der Panzerraketen gemünzt, wird auch laut, wenn von den „SAMs" die Rede ist, von jenen Flugabwehrraketen, die blutig erfolgreich waren: In diesem schwarzen Oktober sind 110 israelische Flugzeuge zerstört worden, schätzt Washington. Mindestens achtzig Prozent von ihnen wurden Opfer der „SAMs".

„SAM" — das heißt eigentlich nur „Surface-to-air-missiles", also Boden-Luft-Raketen. Davon gibt es allerdings schon einige Generationen. „SAM 2" und „SAM 3" wurden bereits in Vietnam erprobt — und die amerikanischen Piloten fanden schnell die Tricks heraus, um die Geschosse auszumanövrieren. Die bekannten „SAMs" werden von Radarstrahlen in ihr Ziel gelenkt. Gegen sie schützen elektronische Hilfsmittel wie Störsender und sogar jene Stanniolpapier-Bomben, von denen in diesem Buch bereits berichtet wurde.

Die dünnen Metallstreifen, schon im Zweiten Weltkrieg bekannt, wirken auf die Radarschirme wie Schneegestöber auf die Sicht: Das Bild wird trüb. Radar aber schickt nicht nur den Tod, es lockt ihn auch an. Es gibt Spezialbomben, die auf dem gegen sie geleiteten elektronischen Strahl in die Tiefe reiten und den Sender vernichten. Teuflische Waffen.

Aber die neuesten „SAM 6" und „SAM 7" sind noch um einiges wirksamer. Ihre Funkfrequenz war unbekannt und ließ sich nicht stören. Die „SAM 7" ist obendrein eine Fliegerfaust, eine Abart der Panzerfaust. Der Schütze legt das Raketenrohr über die Schulter und braucht nicht sehr exakt zu zielen. Die „SAM 7" hat einen Wärmesuchkopf und steuert die nächste Hitzequelle in der Luft an — das Triebwerk der Düsenmaschinen.

Die gejagten Flugzeuge werfen gegen diese Raketen oft Leuchtfeuer ab. „SAM 7" kann nicht erkennen, welcher Hitzeherd nun der richtige ist.

Die „SAM 6", die sowohl Radar- wie Hitzesteuerung hat, wurde in diesem Krieg zum ersten Male eingesetzt. Gegenmittel gibt es nicht. Wenigstens bisher.

Aber an Hand der Beutestücke, die sofort in die USA abtransportiert wurden, hofft man einiges herauszufinden.

Es waren böse Premieren, die der schwarze Oktober brachte. Premieren des Todes.

* * *

Eines der Geheimnisse, die Sharons Durchbruch zum Kanal umgeben, ist die Frage: Schickte der General seine ersten Trupps in erbeuteten Tanks sowjetischer Bauart und mit ägyptischen Uniformen über den Kanal, um die Ägypter zu täuschen? Israels Militärs dementieren entsprechende Meldungen energisch, aber es gibt da ein paar ägyptische Augenzeugen, die in den ersten Stunden des Durchbruchs seltsame Dinge erlebt haben.

Ein Bauer bei Fayid beispielsweise, einem kleinen ägyptischen Städtchen, nicht weit vom Großen Bittersee, läuft schimpfend hinter zwei Panzern her, die quer durch sein Zuckerrohrfeld gefahren sind. Ein Soldat schreit ihm aus dem Turm etwas zu. „Er sprach arabisch", erzählt der Bauer später, „aber mit einem fürchterlichen Akzent." Der Bauer ist, so heißt es später in Kairo, der erste, der eine Meldung an einen Armee-Posten durchgibt, daß in Fayid etwas nicht stimmt.

Bei Deversoir gerät ein ägyptischer Leutnant in Gefangenschaft. Er erzählt einem französischen Korrespondenten: „Am Mittag rollten plötzlich drei Panzer in unsere Raketen-Stellung. Sie schienen erwartet zu werden, denn die Posten am Eingang salutierten. Plötzlich eröffneten die Tanks das Feuer."

Was auf dem Westufer des Kanals jetzt folgt, ist die „Säuberung" des Gebietes. Dieser Ausdruck wird in israelischen Heeresberichten verwendet und er bedeutet: Zerstörung jeder nur erreichbaren Raketen-Batterie, die den israelischen Piloten das Leben so schwergemacht haben. Er bedeutet auch Einkesselung und schnelle Vernichtung des Gegners.

Sharon und seine Leute fühlen sich dabei in ihrem Element. Als Sadat sich gegen 15 Uhr in der National-versammlung als der große Sieger feiern läßt, sind bereits fast alle Raketen-Batterien zwischen Ismailia und dem Großen Bittersee ausgeschaltet. (Später wird sich herausstellen, daß ein paar ägyptische Offiziere, die das Ausmaß des israelischen Gegenschlages über-blickt haben, nicht wagten, diese Hiobsbotschaft nach Kairo zu übermitteln.)

Als Golda Meir drei Stunden später von einer klei-nen israelischen Truppe spricht, die sich auf dem ägyp-tischen Ufer des Kanals befinde, stoßen Sharons Panzer bereits in Richtung Kairo vor. (Nach Kriegsende wird Sharon in das Kreuzfeuer prominenter Kritiker gera-ten, weil er in Richtung Kairo vorstieß und es ver-säumte, die Einkesselung der beiden ägyptischen Ar-meen auf dem Ostufer vorzubereiten.)

Als am späten Abend Ägyptens Armee-Sprecher, der General-Major Mohammed Mukhtar, den Journalisten verkündet: „Sieben israelische Panzer sind über den Kanal gekommen, drei haben wir zerstört, die vier an-deren sind auf der Flucht", da rollen vom Mitla-Paß bereits jene Brückenteile herunter, über die schon bald 300 Panzer nach Afrika stoßen und damit dem Krieg eine entscheidende Wende geben werden.

Frühmorgens am 17. Oktober ist die erste Brücke geschlagen, nicht ohne Schwierigkeiten. Die erste Brücke wird von mehreren Artillerie-Granaten getroffen, die Reparatur dauert mehrere Stunden. „Ihre Flugzeuge schwirrten wie die Hummeln um unsere Brücken", sagt ein Soldat. „Aber unsere Mirage-Jäger haben fürchterlich unter ihnen aufgeräumt."

Die Ägypter haben seit Ausbruch des Krieges ihre Luftwaffe weitgehend zurückgehalten. Zu gut erinnerten sich die Offiziere im Generalstab, daß der Sechs-Tage-Krieg praktisch nach zwei Stunden und 45 Minuten entschieden war — als nämlich Ägyptens zahlenmäßig überlegene Luftwaffe ausgeschaltet war. Zerstört am Boden und bei Luftkämpfen abgeschossen, bei denen Nassers Piloten nicht die geringste Chance gegen Israels Flugzeug-Führer hatten.

In diesem Krieg ließen die Ägypter vor allem ihre Raketen gegen Israels Piloten aufsteigen. Die Flugzeuge, in tief eingebunkerten Unterständen verborgen, wurden nur ganz selten in den Kampf geschickt. Jetzt aber, als der dichte Raketen-Zaun durchlässig war, steigt Sadats Luftwaffe zu Großangriffen auf. Schon um 10 Uhr früh kann der israelische Armee-Sprecher melden: „35 feindliche Maschinen an der Kanalfront abgeschossen."

Als Sharon im Laufe der Nacht erfährt, daß die Bulldozer-Fahrer große Schwierigkeiten haben, die aufgeschütteten, bis zu 20 Meter hohen Sanddünen aus dem Wege zu räumen, läßt er ihnen mitteilen: „Sucht die Stelle, die mit ein paar roten Steinen markiert ist."

Sharon hatte diese Stelle vor drei Jahren selbst gekennzeichnet. Auf dem Höhepunkt des Abnützungs-Krieges war er derart überzeugt, daß er schon bald mit stärkeren Kräften den Kanal überschreiten werde, daß er an einer ganz bestimmten Stelle das hohe Sandbankett vorsorglich lockern ließ. Für alle Fälle hatte er das Uferstück mit roten Steinen kennzeichnen lassen. Einer der Fälle ist jetzt eingetreten.

Während über die israelischen Brücken Panzer nach Ägypten rollen, und in aller Eile nach Süden stoßen, ringt der sowjetische Ministerpräsident Kossygin mit Sadat um dessen Einwilligung zu einem schnellen Waffenstillstand. In drei Tagen treffen die beiden Männer fünfmal zusammen, sie konferieren insgesamt elfeinhalb Stunden.

Sadat hat inzwischen seinen Generalstabs-Chef Shazli, den großen Sieger der ersten Tage, an die neue Front im Herzland Ägyptens entsandt. Aber auch er kann den Sturm der Israelis mit seinen Kommando-Truppen und einer Elite-Panzer-Division nicht mehr stoppen.

Erst als Kossygin am 18. Oktober dem Präsidenten die Luftaufnahme eines sowjetischen Himmelsspions auf den Tisch legt, auf der zu erkennen ist, daß die Israelis dabei sind, die ägyptischen Angriffsarmeen einzuschließen und Kairo zu bedrohen, willigt Sadat „im Prinzip" in einen Waffenstillstand ein. Kossygin fliegt sofort nach Moskau. Dort hat Parteichef Leonid Breschnew inzwischen Washington wissen lassen: Kissinger soll kommen, aber sofort.

In Kairo aber stirbt die Legende von dem siegreich abgewehrten israelischen Kanal-Übergang nur sehr langsam. „Diese unbedeutende Operation", meldet die Regierungs-Zeitung „Al Ahram", noch Tage später „hat nur den Zweck, von der wirklichen Schlacht abzulenken. Sie verdient nicht die Aufmerksamkeit, die sie beansprucht."

Auf dem Westufer des Kanals brechen bei Sharons

Sturmlauf alle festgefügten Fronten schnell zusammen. Ein Artillerie-General fährt in seinem Jeep buchstäblich in die Hände einer israelischen Patrouille. Als in der Nacht ein israelischer Transport-Offizier mit seinem Lastwagen-Konvoi weit jenseits des Kanals in eine Stellung fährt, meldet er sich: „Mit dreizehn Wagen eingetroffen." Darauf einer der Bunker-Soldaten: „Aber uns sind nur elf gemeldet." Erst dann stellte man fest, daß sich zwei ägyptische Lastwagen irgendwo dem nächtlichen Konvoi angeschlossen haben, in der Meinung, es seien eigene Autos.

Als erster der vielen prominenten Militärs, die nachfolgen werden, läßt sich Verteidigungs-Minister Moshe Dayan über den Kanal bringen.

Natürlich ist ein Fotograf in der Nähe, als sich die beiden legendärsten Helden des kleinen Staates auf afrikanischem Boden die Hand schütteln. Beide Männer sind von einem der vielen Kriege in Nahost gezeichnet. Dayan mit seiner Augenklappe, die er trägt, seit er in Syrien ein Auge verlor und Arik Sharon mit blutverkrustetem Kopfverband: ihm hat eine Stunde zuvor ein Schrapnell die Stirnhaut aufgeritzt.

Auf viele der israelischen Panzer, die jetzt mit Volldampf in den Süden in Richtung der Stadt Suez rollen, um die letzte — entscheidende — Aktion dieses Krieges zu starten, haben die Fahrer mit Kreide oder weißer Ölfarbe die Worte gemalt: „Arik Sharon — König von Israel."

An der vergessenen Front:

Katyuschas heulen ins Tal

Ein Wüstenwind, Hamsin genannt und dem Föhn sehr ähnlich, treibt in der Dämmerung des 16. Oktobers schwarze Wolken über jene Berge, die Israel vom Libanon trennen. Für Sekundenbruchteile zuckt Feuerschein auf und färbt den Himmel dunkelrot. Im Frieden würde man meinen: Wetterleuchten. Ein paar Herzschläge später zeigt ein heulendes Rauschen an, was in tausend Metern Entfernung gewittert. Katyuschas fliegen hinunter ins Tal.

Katyuschas, das hört sich an wie ein hübscher russischer Mädchenname. Doch das Wort mit den weichen Zischlauten ist nur ein anderer Name für „Stalinorgel", für Raketen sowjetischer Bauart, die als Salve abgefeuert werden. Unten, am Fuß der grünen, von niedrigen Wäldern überzogenen Berge, stehen Soldaten vor den israelischen Grenzdörfern Bezet und Liman. Sie sehen dem Feuerzauber beinahe gelangweilt zu. Die Raketen fliegen über sie hinweg, das hören sie schon am Heulen. Sie explodieren irgendwo in einer Bananenplantage, weit entfernt.

„Das geht jetzt jede Nacht so", sagt Leutnant Jaki Wermuth im Dorf Liman. Die Nacht, die jetzt begonnen hat, wird allerdings die lauteste seit Yom Kippur, dem blutigen Tag des Versöhnungsfestes.

Jaki und seine Leute liegen an der dritten Front Israels,

von der in diesem Krieg kaum jemand spricht und die im täglichen Heeresbericht nur mit ein paar Zeilen erwähnt wird. „Terroristen setzten heute nacht ihre Angriffe fort", meldet Bericht Nr. 119 vom 16. Oktober. „Feuergefechte mit Terroristen an zahlreichen Punkten."

Diese dritte Front ist die Nordgrenze Israels. Hinter den Bergen liegt das Fatah-Land, wie jener Süd-Teil des Staates Libanon genannt wird, in dem sich „Al Fatah" und andere palästinensische Befreiungsorganisationen (die Israelis nennen sie Terror-Trupps) eingenistet haben.

Sie liegen dort seit drei Jahren: seit sie aus Jordanien vertrieben worden sind. Die Aktivisten der Palästinenser wurden damals für den Thron König Husseins gefährlicher als für die Israelis.

Hussein hinderte die Terroristen daran, von Jordanien aus über den Jordan in die besetzten Gebiete vorzustoßen, um dort Minen zu legen, Raketen abzuschießen oder Hinterhalte gegen israelische Armee-Patrouillen anzulegen. Der König hatte einen guten Grund dafür: die Israelis schlugen unerbittlich zurück. Mit Luftangriffen gegen Jordanien, mit Panzer-Vorstößen, mit Kommando-Unternehmen.

Als Mitglieder einer Palästinenser-Gruppe unter dem marxistisch orientierten Dr. George Habbash im September 1970 drei Düsen-Verkehrsmaschinen der Gesellschaft „Swissair", „TWA" und „BOAC" entführten und auf einem Wüsten-Flugfeld in Jordanien zur Landung zwangen, ließ König Hussein seine Beduinen-Truppen rund um Amman zusammenziehen.

Kaum waren die Passagiere der drei entführten Maschinen in Sicherheit (und die Flugzeuge von den Terroristen in die Luft gejagt), schlug der König gegen die bewaffneten Palästinenser in seinem Staat zu. Araber kämpften gegen Araber, Freischärler gegen königstreue Beduinen. Dem Ende des Gemetzels folgte ein Exodus der palästinensischen Untergrund-Truppen in den Libanon. Der September 1970, in dem dies geschah, wird seitdem „Schwarzer September" genannt — was wieder einer neuen Fedajin-Gruppe den Namen gab.

Klangvolle, mit Bedeutung vollgepackte Worte liebt man ja überhaupt sehr in diesem Teil der Welt: „Fedajin" heißt aufopferungsbereit, „Al Fatah" läßt sich mit „Eroberung" übersetzen. Und der Kampf, den die Araber gegen Israel führen, ist in den Augen der Schriftgelehrten ein „Dschihad", ein Heiliger Krieg. Wer fällt, kommt sofort ins Paradies. Fedajins der Al Fatah mit Katyuschas im Dschihad — das klingt nur schön. Die Wirklichkeit ist blutig, tödlich, voller Elend und Schmutz.

1967, im Sechs-Tage-Krieg, fiel an der Grenze zum Libanon kaum ein Schuß. Erst als die Fatah kam, wurden die Berge unruhig. Jede Woche mindestens ein Angriff, ein Anschlag oder ein Gegenschlag der Israelis.

Von einigen Attentaten hörte die ganze Welt mit Grauen: 25 Kilometer östlich der Küste, östlich von Liman, liegt unmittelbar an der Grenze der Kibbutz Avivim, bewohnt von jüdischen Einwanderern aus Marokko. 1970 zielten die Freischärler mit Raketen und Panzerfäusten auf einen Schulbus. Acht Kinder und vier Erwachsene starben. Und die Angst kam nach Avivim. Fünfzig Familien überlegten, ob sie die Siedlung aufgeben sollten. „Doch wir haben gebetet und beschlossen: Wir bleiben in Avivim", erzählt der Bürgermeister. Jetzt, im Yom-Kippur-Krieg, taucht der Name Avivim wieder in den Zeitungen auf. Immer wieder ist das Dorf Ziel der heulenden Geschosse.

Oben auf jenem Berg, an dem in dieser Oktobernacht das Katyuscha-Feuer leuchtet, steht die 18jährige Abigail in der Gemeinschaftsküche des Dorfes Hanita und hilft bei Küchenarbeiten. Ihr Gesicht ist von Narben entstellt. Sie hat ein Auge verloren. 1970 war das Mädchen beim Reiten in ein Minenfeld der Terroristen geraten.

„Als wir abends eintreffen, werden gerade die Kinder zu Bett gebracht. Die jüngeren — es sind 28 — schlafen vorläufig in einem Luftschutzkeller."

Das ist ein Satz aus einem alten Notizbuch: 1970 hatten wir ihn geschrieben, beim ersten Besuch in Hanita nach den schlimmsten Fatah-Attacken. Der Satz gilt auch heute. Er kann so stehenbleiben, wie er stand. Die Kinder schlafen weiter in den Luftschutzkellern. Nacht für Nacht. Nur haben sie den Eingang und die Treppe bunt und popig bemalt. Donald Duck weist jetzt den Weg in den Bunker.

„Aber die Katyuschas haben bei uns bis jetzt nur Felder, nie den Kibbutz getroffen", sagt Bürgermeister Arik Lotan, der einst in Danzig zu Hause war und das Dorf mitbegründet hat. Der Schützenpanzer, der ihn fast vor einem Vierteljahrhundert in die Berge an die Grenze brachte, parkt noch immer an der Dorfstraße. Ein Denkmal, das noch nicht viel Rost angesetzt hat. Vom Gästehaus der Siedlung aus ist das andere Land, der Libanon, nur eine Steinwurfweite entfernt. Die Hügel sind dicht mit Büschen und Bäumen bewachsen: Ein Gelände, in dem es für ein Kommandounternehmen nicht schwer ist, unsichtbar zu bleiben.

Auch im Tal, in den Dörfern Bezet und Liman, überall an der Grenze, übernachten die Kinder tief unter der Erde. Tagsüber herrscht für sie — sieht man von Minen in den Bergen ab — jetzt eigentlich keine Gefahr:

„Die Terroristen kommen nur nachts", sagt der alte Leutnant Jaki Wermuth in Liman. Seinen 50. Geburtstag hat der Mann aus Breslau gewiß schon ein ganzes Stück hinter sich gebracht. Aber er wird als Soldat gebraucht: Obstbauer Jaki wurde Ortskommandant von Liman, der Chef der Selbstschutztruppe.

Leute wie er kennen das Land und das Gelände. Freischärler haben wenig Überlebens-Chancen. In dieser Nacht wird man nach Tel Aviv melden: „In der Region Menara wurden drei Terroristen getötet."

Jaki weiß manchmal schon zehn Minuten vor dem ersten Schuß, daß ein Angriff bevorsteht. Er denkt natürlich nicht daran, seine Informationsquellen auch nur anzudeuten. Solche Nachrichten kommen — vielleicht von einem vorgeschobenen Kundschafter in den Bergen ausgelöst — über Funk nach Liman: Jaki hat immer einen Empfänger umgehängt, und in seinem kleinen Haus liegt neben allen möglichen Waffen ein tragbares Radiogerät griffbereit. Die Fedajin sind inzwischen sehr vorsichtig geworden. „Die Katyuschas schießen sie nicht mehr selbst ab. Sie bauen die Raketen nur auf und hängen einen Zeitzünder dran. Dann verschwinden sie wieder", sagt Jaki. Heute werden seine Soldaten noch zum Lichtschalter greifen, um sie endgültig abzuschrecken.

Um 21 Uhr führt Jaki dies vor. Bis zu dieser Minute ist die laue Nacht stockfinster. Kaum, daß die Umrisse des nächsten Hauses zu erkennen sind. Da geht der Vollmond auf — und zum ersten Male seit dem 6. Oktober flammen überall an der Grenze Lichter auf. „Ein phantastischer Anblick, was?"

In den Bergen wird schnell geschossen

Weithinein ins Land, über dem leichter Dunst zu hängen scheint, führt eine Lichterkette. Die leuchtende Schlangenlinie umschließt mindestens zehn Dörfer. Selbst die Bauern sind überrascht. Hat jemand auf den falschen Knopf gedrückt? Ist die Verdunkelung vorüber?

Den Befehl zur Illumination haben die Dörfer erst vor einer Stunde erhalten. Die Lampenreihe an den Zäunen — das ist Schuß-Licht, ist Sicherung gegen Eindringlinge. Jede Gestalt im Dunkeln gilt als verdächtig: „Wenn Sie angerufen werden, sofort stehen bleiben", sagt Jaki seinen Besuchern. Hier wird schnell geschossen. Eigentlich sofort.

Eines der Nachbardörfer ist in dieser Mondnacht angegriffen worden. Das Stakkato von Maschinengewehrfeuer wird laut. Wieder detonieren Katjuschas. Hallende Donnerschläge folgen. Zum ersten Male in diesem Krieg setzt Mörserfeuer ein.

„Beide Seiten", sagen die Soldaten, „schießen über die Grenze." Die Duelle dauern viele Stunden. Erst im Morgengrauen wird es wieder ruhig an dieser dritten Front.

Irgendein Statistiker in den fernen Städten Tel Aviv oder Jerusalem führt auch über dieses Blutvergießen Buch. Insgesamt, so wird festgehalten, greifen die Guerillas an den siebzehn schwarzen Tagen im Oktober genau

212mal israelische Dörfer an. Dabei wird ein Israeli getötet. Acht werden verletzt. Der Sachschaden ist nicht wesentlich, heißt es.

12 000 Guerillas sollen auf der anderen Seite stehen, vielleicht sogar mehr. Wie erklärt man sich, daß die Angriffe so wirkungslos bleiben?

Die Frage ergibt sich am nächsten Tag beim Frühstück mit General Uzi Narkiss, der im Sechs-Tage-Krieg Jerusalem erobert und danach die Grenzen am Jordan gegen die „Kommandos", die Stoßtrupps der Al Fatah, zu verteidigen hatte.

Als Reservist einberufen, zieht der General nun morgens vom eleganten Dan-Hotel aus in den Krieg. Zwar besucht er fast alle Tage die Truppen, doch seine Hauptfront ist in Tel Aviv. Als Sprecher des Militärs leitet er viele der abendlichen Pressekonferenzen.

Was denkt er über die Fedajin?

Narkiss erinnert sich an ihre Stoßtrupps über den Jordan: „Manchmal rannten sie wie hypnotisiert auf uns zu, als stünden sie unter Drogeneinfluß. Unsere Leute brauchten nur zu schießen."

Narkiss hat vor der Presse ziemlich respektvoll über die Ägypter und die Syrer gesprochen: „Sie kämpften hart und gut." Über die Terroristen sagt er: „Es fehlt ihnen sicherlich die sowjetische Ausbildung, die den anderen soviel half."

Von ihren Brüdern in Kairo und Damaskus sind die Palästinenser nicht ins Vertrauen gezogen worden, als der Krieg beschlossen wurde. „Nur zögernd", berichten israelische Mithörer von Radiosendungen der Freischärler, „griffen sie die Nachricht vom Krieg auf und meinten etwas hilflos, natürlich gehe es in diesem Krieg vor allem um die Sache der Palästinenser." Richtig: Es geht im Nahen Osten *auch* um die Palästinenser. Doch sie werden, wie die dritte Front, in diesem Krieg glatt übersehen.

Ägyptens Staatschef hat nur ein Ziel: Die Israelis vom Kanal zu vertreiben, wenigstens einen Achtungserfolg zu erringen. Staatschef Assad will die 1967 verlorenen Golan-Höhen zurückerobern. Wer denkt in diesen Tagen in Kairo und Jerusalem, in New York oder Moskau an Orte wie Dera in Syrien, Baq'a in Jordanien, an Shatila im Libanon? Das sind drei von vielen Flüchtlingslagern der Palästinenser, in denen heute noch Hunderttausende hausen. Für sie darf das Leben pro Tag nicht viel mehr als ein paar Cent kosten. Dies ist der Betrag, den Hilfsorganisationen der Vereinten Nationen pro Kopf an Nahrung ausgeben können. Vier Kriege lang blieb das Problem der Palästinenser ungelöst. Elend, das neues Elend nach sich zieht. Und vielleicht wieder Krieg.

Es geht um die Vertriebenen aus einem Land, das unter dem Namen Palästina nie ein eigener Staat war. Vierhundert Jahre von den Ottomanen, den Türken, beherrscht, fiel Palästina 1917 in englische Hände und wurde zum britischen Mandat erhoben. Der Gouverneur baute sich jene Residenz am „Berg des üblen Rats" in Jerusalem, in dem heute die UN-Waffenstillstandskommission auf die Stadt herabschaut.

Mit großer Mehrheit beschlossen die Vereinten Nationen 1947 mit den Stimmen der USA und der Sowjetunion gegen das „Nein" der Araber, das Land Palästina zu teilen. In einen jüdischen und einen arabischen Staat: Israel konnte entstehen.

Seitdem ist die Geschichte des Heiligen Landes eine Geschichte von gebrochenen Waffenstillstandsabkommen und neuen Kriegen. Am 15. Mai 1948, einen Tag nach der Unabhängigkeitserklärung durch David Ben Gurion, überfielen Ägypten, Jordanien, der Libanon und der Irak den entstehenden Staat, 1957 drang Israel zum Suezkanal vor. 1967 begann der Krieg, als Ägypten die Zufahrt zum Golf von Akaba sperrte. Jetzt wollten die Araber zurückerobern, was Israel in den Junitagen von 1967 besetzt hat.

Kriege, Kriege, Kriege. Jeder zieht einen Troß der Not nach sich. Araber verließen 1948 nach dem Sieg der Israelis das Land, oder mußten es verlassen. Zu Tausenden, Hunderttausenden. Jordanien machte sie bald zu Staatsbürgern. Im Gazastreifen aber — jenem Landzipfel, der bis 1967 an der Küste des Mittelmeeres wie ein ausgestreckter Zeigefinger nach Israel hineinragte — lebten sie wie früher die Juden in ihren Ghettos. Sie konnten ihre alte Heimat zwar mit bloßem Auge sehen, aber zurück durften sie nicht.

Auch Ägypten nahm sie nicht auf. Sie waren politische Geiseln, ihre Armut war ein Druckmittel, mit dem Nasser immer wieder gegen Israel operierte. Arbeit, Land, eine halbwegs sichere Zukunft gab es für die Palästinenser nirgendwo. Fehlte es an Kraft, Initiative, an Geld? War das Problem zu groß, waren die Araber zu arm? Bei den Israelis und nicht nur ihnen, muß der Eindruck entstehen: Man will das Flüchtlingsproblem nicht lösen. Jeder Vertriebene — ihre Zahl wuchs inzwischen auf 1,5 Millionen an — war und blieb eine Anklage gegen die Existenz des Staates Israel.

Vergleiche mit Deutschland, wo zwölf Millionen

Flüchtlinge aus den Ostgebieten ein neues Leben fanden, werden von den Arabern nicht akzeptiert. „Dafür sind wir nicht reich genug." Das ist oft zu hören. Für ihre Kriege aber brachten dieselben Araber viele Milliarden auf.

Armut aber ließ sich leicht in Haß verwandeln. Wortführer der Palästinenser-Organisation war vor 1967 Achmed Shukeiry. Ein Gespräch mit ihm in Beirut blieb haften: „Ich darf sagen, daß ich zu ihrer Gründung den zündenden Funken gegeben habe", sagt Shukeiry.

„Von Ihnen aber soll der Satz stammen: Laßt uns die Juden ins Meer werfen."

Die Antwort ist ein Lachen: „Niemals habe ich eine solche Feststellung von mir gegeben. Schließlich habe ich nichts gegen Juden."

„Nichts gegen Juden? Gibt es also Hoffnung auf Frieden im Nahen Osten?"

Achmed Shukeiry: „Ich sehe keine Möglichkeit einer friedlichen Lösung. Entweder wir oder die Israelis werden fortbestehen. Und wir werden den Kampf in alle Ewigkeit fortsetzen. Für Verhandlungen gibt es nur eine Chance. Wenn die Israelis einwilligen, ihren Staat zu liquidieren, werden auch wir gern über die Liquidation reden."

Und so stellt er sich die Zukunft vor: „Alle Juden, die in arabischen Ländern geboren wurden und alle, die vor 1948 einwanderten, können in Palästina bleiben, vorausgesetzt, sie sagen sich von Israel los. Wer danach einwanderte, soll zurück in seine Heimat. Die Juden kamen über das Meer und über das Meer müssen sie zurück."

„Und die jungen Israelis, die in Israel geboren sind?"

„Für sie wird man eine internationale Übereinkunft bei den Vereinten Nationen treffen müssen."

Gegen diese jungen Juden aber, die nichts anderes kennen, als ihr Land Israel, kämpfen nun Araber, die das alte Palästina vor Augen haben. Eine widersinnige Situation? Shukeiry ist nicht dieser Meinung.

Er mußte längst abdanken — aber viele von seinen Vorstellungen spuken noch durch die Köpfe der Freischärler an der dritten Front. Auch Lybiens exzentrischer Staatschef Muammar Khadhafi denkt heute genauso, wie Shukeiry es vor langer Zeit formuliert hat.

Kriege sterben langsam im Nahen Osten, Worte haben ein überraschend langes Leben. „Er hat uns mehr geschadet, als er je nützen konnte", meinen selbst Araber über Achmed Shukeiry. Sieht die nächste Generation dies anders?

Ein alter Mensch wie Frau Weinstein im oft beschossenen Dorf Metulla versteht jedoch das alles nicht so recht. Sie lebt seit 60 Jahren an der Grenze zum Libanon und kann sich noch deutlich an Zeiten vor der Staatsgründung von Israel erinnern, in denen sie mit ihrem Mann zum Einkaufen hinüber in die arabischen Dörfer des Libanons fuhr.

„Warum schießen sie jetzt auf uns?", fragt Frau Weinstein und hebt die Arme wie der Milchmann Tevje in „Anatevka".

Sie spricht jiddisch. Das war ihre Muttersprache einst in Rußland.

Über die Grenze, die man früher zum Kaffeetrinken überquerte, reiste außer den Beobachtern der Vereinten Nationen seit einem Vierteljahrhundert nur eine Frau offiziell herab in das gelobte Land: Lina, die Schwester von Frau Pollak aus dem Ort Liman. Sie kam 1944 aus dem deutschen Konzentrationslager Bergen-Belsen, im Austausch gegen englische Kriegsgefangene.

* * *

Die Kinder von Liman spielen „Class", ein Spiel, das man in Deutschland „Häuslhupfen" nennt, oder „Himmel und Hölle". Ein paar Kilometer nördlich, auf der libanesischen Seite, amüsieren sich die Kinder mit „X". Es ist das gleiche Spiel: „Himmel und Hölle." Drüben grüßt man „Salam". In Israel heißt der Gruß „Shalom". Beides bedeutet: Frieden.

König Hussein kämpft um seinen Thron

In der Front der arabischen Welt fehlt zunächst nur ein Land: Jordanien, das von allen Kriegsführenden mit Israel die längste (und damit gefährlichste) Grenze teilt. König Hussein war am 6. Oktober anscheinend nicht in die Kriegsvorbereitungen Syriens und Ägyptens eingeweiht — er setzte erst vier Tage später seine Truppen, darunter die wegen ihrer Kampfkraft gefürchtete „Arabische Legion", in Alarmbereitschaft. König Hussein ließ nie erkennen, wie stark der Druck seiner „arabischen Brüder" wirklich war, am Jordan die dritte Front gegen Israel zu eröffnen. Hätte er seine Panzer-Brigaden in die Jordan-Senke geschickt — der ganze Krieg hätte wohl einen anderen Verlauf genommen. Israel wäre dann gezwungen gewesen, starke Truppenteile an seiner Ostgrenze zu konzentrieren.

Truppen, die bei den schweren Schlachten auf den Golan-Höhen und am Suez-Kanal spürbar gefehlt hätten.

Hussein mußte nach Ausbruch der Kämpfe eine der schwierigsten Entscheidungen seines Lebens treffen. Entweder er greift Israel an und riskiert eine neue Niederlage, die seinen wackeligen Thron gefährdet. Oder aber er hält still und muß sich wieder einmal als der „feige Verräter" an der arabischen Sache beschimpfen lassen.

Der König erhält fast täglich Anrufe aus Washington, von wo aus ihn Außenminister Kissinger beschwört, nicht in den Krieg einzutreten. Über dunkle Kanäle ist Washington ein Dokument zur Kenntnis gelangt, in dem die angebliche Angriffs-Strategie der Nachbarn Israels festgehalten wurde. Danach sollte Hussein seine Panzer in dem Augenblick über Israels Grenze südlich vom See Genezareth schicken, wenn die Syrer von den Golan-Höhen herabrollen. Beide Armeen sollten sich dann vereinigen, über Nazareth nach Haifa durchstoßen und so Israel in zwei Teile zerschneiden.

Hussein entschied sich in einem beispiellosen Balance-Akt zu einem Kompromiß, der ihm eine Niederlage im eigenen Staat ersparte und der es ihm dennoch ermöglichte, an der arabischen Front mitzukämpfen: er schickte eine Woche nach Kriegsbeginn die 40. Panzer-Brigade, seine Palast-Wache und Lieblings-Einheit gegen die Israelis in den Kampf — an die syrische Front, die längst zu einer Verteidigungs-Front vor den Toren von Damaskus geworden war.

Die Ägypter aber feiern die Siege ihrer Panzertruppen, die das Ostufer des Kanals fest besetzt halten, die

Erfolge ihrer Soldaten, die mit einem neuen Selbst-
bewußtsein und neuen Waffen den Israelis schwere
Verluste zufügen. Das Foto des Generalstabs-Chefs
Shazli klebt plötzlich an den Armaturen-Brettern der
Taxis von Kairo, in Khartum wird eine Schule nach
ihm benannt.

Der Tod des Reporters:

Rakete verfolgt Mietwagen

Irgendwann am Anfang dieses Krieges im Nahen Osten stirbt ein syrischer Soldat. Er fällt auf den Golan-Höhen bei einem israelischen Angriff. Sein Stahlhelm rollt davon. Der Hamburger Stern-Fotograf Fred Ihrt hebt ihn auf. Er wird ihn noch dringend benötigen.

Der 54jährige Ihrt ist ein bekannter Fotograf. Kämpfe im Sudan, Hochwasser in Pakistan, Stoßtruppunternehmen der Palästinenser — überall war er dabei. Im Sturzflug fotografierte er die griechischen KZ-Inseln, verfolgt von Düsenjägern aus Athen.

Bereits am 7. Oktober ist er in Tel Aviv eingetroffen. In den ersten Tagen gelingt es ihm, sich zum Suez-Kanal durchzuschmuggeln. Auch am Vorstoß eines Spähtrupps nimmt er teil; er riskiert einiges. „Aber brauchbare Bilder waren nicht dabei."

Am 16. Oktober ist er unterwegs zu den Golan-Höhen. Einen Tiefflieger-Angriff hat er bereits hinter sich. Ihrt fährt in einem Leihwagen, zusammen mit dem israelischen Begleitoffizier Hannan Levy, einem grauhaarigen Mann, dessen Sohn auch Soldat ist und in diesen Stunden in Sinai kämpft.

Die Journalisten mögen Levy. Er weiß, was Journalisten wollen, er weiß aber auch, was der Krieg verbietet; er ist lässig und diszipliniert zugleich. Selbst in der Wüste, wenn das Wasser knapp ist, wird er sich rasieren, er will sich nicht gehen lassen. Aber Verbote, gleich welcher Art, sind für ihn nicht das letzte Wort. „Wenn ich immer getan hätte, was man mir sagte, wäre ich lang im KZ geblieben", meint er einmal. Aber Unsinniges, das wird er nie wagen.

Ihrt und sein Major haben zusammen im Kibbutz Nof Ginossar am See Genezareth übernachtet. Zufällig ist noch ein anderer Journalist Gast des Dorfes: Nicholas Tomalin. Beide wollen näher an der Front sein, sich die lange Anfahrt von Tel Aviv sparen.

Ihrt hatte ein paar Tage zuvor noch seinen Kollegen von Tageszeitungen angeboten, mit ihm zu fahren. Er habe noch einen Platz im Wagen frei. Doch alle hatten anderes zu tun.

Am Morgen des 17. Oktober, gegen 6 Uhr, verschmieren Ihrt und Levy feuchten, gelben Lehm auf ihrem Leih-Peugeot: Zur Tarnung. Sie wollen kein leichtes Ziel für syrische Raketen sein. Im Leihwagen fühlt sich Ihrt sicherer als im Bus. Er gehört zu denen, die sagen: „In einen Bus bringt mich keiner mehr hinein. Ein solches Fahrzeug ist doch ein todsicheres Ziel für Fernlenkwaffen, eine Falle, aus der man nicht entkommt."

Ein Engländer in hellen Hosen und dunkler Bluse tritt an diesem Morgen zu Ihrt: Nick Tomalin. Die Fotografen der „Sunday Times" haben ihn allein gelassen, eigentlich will er in diesen Tagen nur die politische Lage untersuchen und Berichte darüber schreiben, was sich hinter der Front tut.

Wie viele andere mag er etwas unbefriedigt gewesen sein. Die Kommentare, die Auskünfte der offiziellen Stellen sind karg. An der Front ist manchmal mehr zu hören. „Lucky man", sagt er zu Ihrt. „Der ‚Stern' hat einen Begleitoffizier und ich muß hierbleiben. Könnt ihr mich nicht mitnehmen?"

Ihrt hat nichts dagegen. Sie tanken noch einmal voll, packen Reservekanister mit Benzin ins Auto, steuern in Richtung der syrischen Grenze. Auf dem Plateau der Golan-Höhen biegen sie nach Südosten ab. Dort waren zuvor heftige Gefechte. Jenseits der Waffenstillstandslinien liegen Iraker und Syrer.

An diesem Tag sind Ihrt und Tomalin nicht sehr zufrieden mit ihrer Eskorte: „Sie schimpften, weil wieder nichts los war", erinnert sich Major Levy.

Bei einer Straßenkreuzung im Süden der Golan-Höhen halten sie vor einem Bunker, der verlassen scheint. Ein Blick hinein: Die Strom-Generatoren laufen noch. Es sieht so aus, als sei die Stellung kurz zuvor verlassen worden.

Das stimmt auch: Erst wurde sie von den Syrern überrannt. Dann haben Israelis den Bunker wiedererobert. Was Ihrt und Tomalin nicht wissen: Er ist auch jetzt von israelischen Soldaten besetzt — nur halten sie gerade auf der anderen Seite Ausschau nach dem Gegner.

Tomalin steht vor einem zerschossenen Panzer, der von der Straße gerutscht ist. Davor Tote. Jetzt steigt er in den Wagen ein, setzt sich ans Steuer. Schon vorher hat er das Chauffieren übernommen. Zu Hause fährt er einen Wagen gleichen Typs. Ihrt ist dankbar, die Hände frei zum Fotografieren zu haben.

Der Mann vom „Stern" fotografiert noch die Umgebung. Levy hat nicht im Wagen Platz genommen. Er dirigiert Tomalin beim Wenden, der Major will verhüten, daß der Wagen in ein Minenfeld gerät.

Fred Ihrt: „Wir sind etwa acht bis zehn Meter vom

Wagen entfernt. Wir laufen hinterher, um einzusteigen und loszufahren. Plötzlich höre ich ein näherkommendes Rauschen. Ich drehe mich um und sehe in etwa 100 Meter Entfernung einen Flugkörper, der mit mittlerer Geschwindigkeit gut sichtbar auf uns zukommt."

Später fällt ihm ein Vergleich ein: „Das Ding war so schnell wie ein Porsche." Er erkennt einen Lichtpunkt an der Spitze. Die Rakete muß ferngelenkt gewesen sein. Sie ändert ihren Kurs. Genau auf jene Stelle steuert sie zu, wo das Auto und Ihrt stehen. Der Fotograf wirft sich zu Boden. „Die Rakete verfehlt mich seitlich etwa um fünf Meter. Dann Einschlag. Mein Wagen steht sofort in Flammen. Nick kann ich nicht sehen. Dann ein Schrei: ‚I die' — ‚Ich sterbe'".

Die Explosion weist der syrischen Artillerie das Ziel. Der Rakete folgt ein Granatenhagel. Und jetzt ertönen Rufe aus dem Bunker.

Ihrt zuckt noch einmal zusammen, sucht neue Deckung. Sitzt in der Stellung ein syrischer Stoßtrupp? Er versteht nicht, was gerufen wird. Es sind hebräische Worte: „Wer sind Sie? Nehmt Deckung! Kommen Sie einzeln!"

Major Levy hebt vorsichtshalber die Hände. Die Soldaten im Bunker wissen nicht, wer da kommt. Im Staub und Dreck ist seine Uniform nicht zu identifizieren. Zehn Minuten später kriechen Levy und Ihrt in den Bunker, wie im Schock. Fotos zeigen Ihrt bleich und erschöpft.

„Gebannt starrten wir immer wieder auf den brennenden Wagen, in dem Nick saß", erzählt Ihrt. Aber Tomalin ist nicht mehr im Auto, das Reservebenzin ging in Flammen auf und die Explosion hat ihn hinausgeschleudert. Vom Flammenstrahl der detonierenden Rakete getroffen, ist Nick Tomalins Kopf fast verkohlt.

Ihrt weiß noch nicht, daß er tot ist. Vielleicht ist Nick noch zu helfen, denkt er. Der Kommandant des Bunkers warnt ihn: Die Stellung ist ständig unter Beschuß. Ihrt kriecht wieder hinaus, er hat sich Tomalins Leiche bis auf 100 Meter genähert — da jagen ihn neue Artillerie-Einschläge zurück.

In dieser Viertelstunde sind andere Reporter der englischen „Sunday Times" zur gleichen Festung unterwegs. Ein Panzer stoppt sie. „Ihr könnt nicht weiter. Dort vorne ist ein englischer Reporter ums Leben gekommen."

Der englische Fotograf, Donald McCullin, läßt sich nicht halten. Er leiht sich einen Stahlhelm und kriecht nach vorn. Nun steht es fest: Tomalin ist tot.

Ein Volkswagen-Bus mit Offizieren biegt inzwischen in der Stellung ein. Die Israelis kommen gerade noch in den Bunker, erzählt Levy. Wieder Einschläge: Der Bus wird getroffen und teilweise zerstört.

Abends um 18.30 Uhr — die Nacht ist noch mondlos — holt ein gepanzerter Kampfwagen die Eingeschlossenen ab. Unterwegs müssen die Insassen den Toten festhalten, so rumpelt der Wagen. „Nach 45 Minuten sind wir in Sicherheit", berichtet Ihrt dem „Stern".

In Tel Aviv heißt es zuerst, auch der Begleitoffizier sei tot. Erst nach Ihrts Rückkehr wird alles klar. Beim Portier im Dan-Hotel gibt ein Engländer ein Telegramm auf: „Ich wollte, ich wäre so, wie Nick es war", telegrafiert er an Tomalins Witwe Claire.

Die Nachricht vom Tod des Reporters wird der Presse beim abendlichen Lagebericht von General Uzi Narkiss verkündet. „Ich spreche meine Anteilnahme aus."

Eine halbe Stunde später kündigt ein Presseoffizier, ein Haudegen-Typ, der im Zivilberuf Brillengestelle verkauft, eine neue Fahrt an. „Morgen wäre wieder ein hübscher Ausflug in die Sinai fällig. Wer will mit?"

Er grinst, als er es sagt. Er denkt nicht mehr an Tomalins Tod. Er hört nur die Klagen der Journalisten, daß die Fahrt in die Wüste meist nicht lohne. „Zahal", das Militär, lasse ja doch Reporter nicht in die vorderste Linie.

Auch Journalisten vergessen ziemlich schnell.

Gefechte ohne Ende

Am 22. Oktober morgens um drei Uhr wird der israelische Oberstleutnant Dan Böhm in Tel Aviv mit der beruhigenden Mitteilung aus dem Schlaf geweckt, er könne weiterschlafen. Das ist die erste, noch etwas vage Andeutung des nahen Waffenstillstandes.

Weiterschlafen dürfen auch die Journalisten, mit denen Dan Böhm an diesem Morgen zur Front in Ägypten aufbrechen wollte. Denn jetzt werden alle Fahrten an den Suez-Kanal abgesagt: Am letzten Tag des Krieges sind zivile Beobachter auf dem Schlachtfeld unerwünscht. Sie halten nur auf, und sie kämen in noch größere Gefahr als sonst.

Denn der letzte Tag des Krieges wird schrecklich werden, das ist vorauszusehen: Mit aller Wucht, zu der sie noch fähig sind, werden beide Seiten aufeinander einschlagen. Blutige, harte, verzweifelte Schlachten stehen bevor. Jede Seite wird versuchen, soviel Boden wie möglich zu erobern. Letzte Siege im Krieg sind auch erste Erfolge am Verhandlungstisch: Besetztes Land eignet sich hervorragend als Tauschgeschäft, lehrt die traurige Erfahrung. Es ist ein Druckmittel für Zugeständnisse, ein Faustpfand.

„Zahal", das Militär Israels, hat darüber harte, konkrete Vorstellungen. Ein Ziel scheint nahe: Viel fehlt nicht mehr — und die Dritte Armee Ägyptens, die auf dem Ostufer des Kanals steht, ist umzingelt. In dieser Stunde, in der Dan Böhm weiterschlafen darf, fallen in Israel wie in Amerika politische Entscheidungen von großer Tragweite.

Noch im Smoking oder in Sportjacketts — wie sie gerade den Sonntagabend verbracht haben — fahren die Delegierten des Sicherheitsrates der Vereinten Nationen in das Hochhaus des Weltbundes am East River und nehmen gegen 22 Uhr an einem riesigen, runden Tisch Platz.

Der US-Botschafter bei den Vereinten Nationen, John Scali und sein sowjetischer Kollege Jakob Malik tragen zufällig gleichartige blaue Krawatten. Auch sonst sind sie aufeinander eingestimmt. Schließlich wurde der Aufruf zur Waffenruhe, den jetzt der Sicherheitsrat billigen soll, von Kissinger und Breschnew in Moskau gemeinsam vorformuliert.

In Tel Aviv hat inzwischen schon der Montag begonnen. Lange nach Mitternacht sitzen die Mitglieder der Regierung bei Golda Meir, „die an diesem Tag bestimmt nicht mit ihrer normalen Zigarettenration ausgekommen ist", wie Leute ihres Stabs meinen. Die normale Ration ist schon hoch genug: Die 75jährige Ministerpräsidentin raucht täglich ungefähr drei Päckchen Zigaretten.

Wo das Kabinett tagt, bleibt geheim. „Wahrscheinlich in Goldas Wohnung", sagt ein Mann vom Auswärtigen Dienst. Das bedeutet: in jener Wohnung, die in ganz Israel „Goldas Küche" genannt wird. Weil dort so vieles „ausgekocht" wurde.

Es ist 6.50 Uhr Ortszeit in Tel Aviv, als endlich der Sicherheitsrat in New York einig wird. Nur die Volksrepublik China enthält sich der Stimme — die übrigen vierzehn Mitglieder des Rats billigen folgende Resolution:

„Der Weltsicherheitsrat

1. ruft alle an den gegenwärtigen Kämpfen beteiligten Parteien auf, das Feuer einzustellen und alle militärischen Aktionen sofort, spätestens aber 12 Stunden nach Annahme dieser Resolution, in den Positionen, die sie gegenwärtig innehaben, zu beenden;

2. ruft alle betroffenen Parteien auf, sofort nach der Feuereinstellung, die Weltsicherheitsratsresolution 242 (1967) in allen ihren Teilen in Kraft zu setzen;

3. entscheidet, daß sofort und gleichzeitig mit der Feuereinstellung Verhandlungen zwischen den betroffenen Parteien unter angemessener Schirmherrschaft eingeleitet werden sollen, die auf die Schaffung eines gerechten und dauerhaften Friedens im Nahen Osten abzielen."

„Wenn ein Waffenstillstand vorgeschlagen wird, werden wir uns sofort an den Verhandlungstisch setzen und darüber reden", hatte Golda Meir in den ersten Tagen des Krieges gesagt. Jetzt beweist sie, wie ernst es ihr mit diesem Versprechen war.

Als um 6.52 Uhr israelischer Zeit die Empfehlung in New York verabschiedet wird, ist in Tel Aviv die Antwort schon fertig formuliert. Sie lautet: Zustimmung. Das Kabinett weiß, was es zu erwarten hat.

Sicher gibt es auch in Golda Meirs Kabinett Männer, die so denken, wie ein General dies formuliert: „Als wir angegriffen wurden, blieb der Sicherheitsrat stumm. Erst als das Blatt sich wendet und Israel zum Sieg ansetzt — da befiehlt man uns die Waffenruhe."

Doch nichts davon klingt in der Regierungserklärung

durch, die mit der Zeitangabe 6.50 Uhr veröffentlicht wird:

„Bei einem Treffen am Morgen hat das Kabinett einmütig beschlossen, die Empfehlung der US-Regierung und des Präsidenten Nixon anzunehmen und die Bereitschaft zu erklären, entsprechend der Entschließung des Sicherheitsrates der Waffenruhe zuzustimmen ... Den Bedingungen der Entschließung folgend, werden die Streitkräfte in den Positionen bleiben, die sie innehaben, wenn die Waffenruhe wirksam wird ... Israel wird auf den Austausch von Kriegsgefangenen bestehen."

Der Befehl zum Frieden ist zugleich der letzte große Marschbefehl für die Soldaten. Noch einmal lodert nun der Krieg in voller, wütender Heftigkeit auf — im Süden wie im Norden:

Am Suezkanal sind die Israelis noch mindestens 20 Kilometer von Suez entfernt. Diese Hafenstadt wollen die Israelis um jeden Preis erreichen, um alle Nachschublinien für die Dritte ägyptische Armee abzuschneiden.

An diesem Nachmittag überqueren zwei Journalisten den Kanal, vielleicht dreißig Kilometer voneinander entfernt. Sie fahren in entgegengesetzter Richtung — und auf entgegengesetzten Seiten.

Der eine, Arnaud de Borchgrave vom amerikanischen Nachrichtenmagazin „Newsweek", durchquert mit den ägyptischen Truppen am Ostufer des Kanals ein Stück der Wüste Sinai, das jahrelang fest in israelischen Händen war.

Westlich von Suez sieht der Deutsche Horst Faas, ein weltbekannter Fotograf der amerikanischen Bildagentur „Associated Press", ägyptische Dörfer und

Straßen im Sucher seiner Kamera. Bei Ismailia hat ihn der Kommandant einer Panzereinheit zu einem „Trip" eingeladen. Zwanzig Kilometer tief in Ägypten, will er ihm russische Raketenstellungen zeigen. Und eine Panzerschlacht.

Eine verwickelte Geschichte: Der eine begleitet die Israelis nach Ägypten, der andere liegt mit den Ägyptern in alten israelischen Stellungen. Das Abenteuer ist für beide lebensgefährlich. Faas wie Borchgrave entgehen dem Tod nur sehr knapp.

Hier irrte der General . . .

Borchgrave, ein in Kairo gern gesehener Journalist, wird von einem ägyptischen General im Jeep zur Front gebracht und zwar nahe jener Straße, die im Norden der Halbinsel nach Israel führt. „Und das hier", sagt der General und deutet auf eine Dünenkette, „ist unsere zweite Verteidigungslinie": Also ein sicherer Abschnitt unmittelbar hinter der Front.

Der General hat sich sehr getäuscht, berichtet Arnaud de Borchgrave in „Newsweek": „Tatsächlich stehen wir an der vordersten Front, und als unser Jeep die Spitze eines Hügels erreicht, sehen wir plötzlich eine Kette von angreifenden israelischen Tanks vor uns. Der erste Schuß, den sie abgaben, traf den Mannschaftswagen zu unserer Rechten. Als er in Flammen aufging, dreht der General kaltblütig den Jeep und fuhr zur nächsten ägyptischen Stellung zurück, die 300 Meter entfernt liegt."

Borchgrave springt vom Jeep und geht mit einem

Hechtsprung in Deckung. Artillerie-Geschosse schlagen ein paar Meter neben ihm ein. Borchgrave hockt in einem Loch, das sich vorher ein Ägypter als Unterschlupf gegraben hatte. Der Sand, den die Artillerie-Einschläge hochschleudern, begräbt den Amerikaner allmählich unter sich. „Als wir ihn mit den Händen wegschaufeln wollen, verbrennen wir uns ständig an Granatsplittern."

Borchgrave beginnt gerade zu hoffen, daß für ihn vielleicht doch noch eine Überlebenschance besteht, wenn die Artillerie weiterhin daneben schießt. Da stoßen israelische Skyhawk-Düsenmaschinen vom Himmel herab. 5-Zentner-Bomben schlagen vor und hinter den Stellungen ein. „Wir sahen natürlich nicht, welchen Schaden sie anrichteten. Denn wir wagten nicht, unsere Köpfe zu heben", berichtet Borchgrave.

Am Himmel aber erkennen sie viele weiße Streifen: „SAM-6"-Raketen, die Israels Flugzeuge verfolgen. Eine der Maschinen wird getroffen, explodiert in der Luft. Erst in der Dämmerung können sich Borchgrave und sein General dorthin retten, wo in Wirklichkeit die zweite Verteidigungslinie ist.

Um 18.50 bricht rundum Gewehrfeuer los. Die Ägypter schießen in die Luft — aus Ärger und aus Protest gegen den Waffenstillstand, der nun beginnen soll. Borchgrave in „Newsweek": „Nachdem schließlich der Brigadegeneral gedroht hat, er werde jede weiterschießende ägyptische Stellung mit Granaten eindecken, bricht das Feuer ab."

Am gleichen Nachmittag fotografiert Horst Faas tief in Ägypten vier Szenen. Diese Fotos werden bei den Zeitungsredaktionen kaum Aufsehen erregen. Sie zeigen ein vorüberhuschendes Flugzeug, eine Rauchwolke.

Es sind die aufregendsten und gefährlichsten Szenen im Leben des Horst Faas, der schon den Krieg in seiner ganzen Härte in Südostasien erlebt hat und dort sogar verwundet worden ist. Er war Augenzeuge der härtesten Schlachten zwischen den Amerikanern und den Vietcong oder den Nordvietnamesen und er hat viel durchgemacht, aber selten darüber gesprochen.

„Newsmen don't make news", sagt er: „Zeitungsleute geben keine Neuigkeiten ab." Doch diesmal gibt der Tag von Horst Faas eine heiße Story ab, die sogar vom israelischen Presseamt als Frontbericht an die Journalisten verteilt wird. Es passiert ja wirklich nicht häufig, daß ein Journalist von einem Düsenbomber verfolgt wird.

Stundenlang hat er vom Kommandowagen seines Begleitoffiziers aus ein Duell der Tanks beobachtet. „Wir konnten das Gefecht wie auf einem Schachbrett verfolgen. Es war dramatisch — aber nicht viel zum Fotografieren."

Der Kommandowagen hat zu tun, um Artilleriesalven auszuweichen. Da taucht eine sehr niedrig fliegende Maschine auf. Ein Flugzeug mit dem kreisrunden ägyptischen Kennzeichen. „Es flog einen weiten Bogen und sauste dann in etwa 150 Meter Höhe über uns hinweg." Horst Faas schaffte es gerade noch, einmal auf den Auslöser zu drücken. Weg ist die Maschine.

„Sekunden später explodierten Bomben zwischen den israelischen Panzern — etwa vierhundert oder fünfhundert Meter entfernt." Das Flugzeug kehrt zurück. „Ich fotografiere ein- oder zweimal, dann korrigiert der Pilot seine Richtung um ein paar Grad und kommt direkt im Tiefflug auf uns zu. Die Düsen-Öffnungen schauen einen an wie Augen", sagt Horst Faas.

Der Fahrer des Kommandowagens jagt im Zickzack davon. Die Maschinengewehrschützen an Bord des Kommandowagens feuern los, Horst Faas läßt sich ins Innere des Fahrzeugs fallen und denkt: „Die Maschine hat noch immer nicht das Napalm abgeworfen, das normalerweise zur vollen Ladung eines Fighters gehört . . . Anfangs sah es wie ein Napalm-Angriff aus — und das hätte böse enden können."

In diesen Sekunden heulen israelische „Phantoms" heran. „Der Ägypter versucht auszuweichen. Aber eine Flugzeugrakete der ‚Phantoms' trifft. Mein viertes Negativ zeigt eine gewaltige schwarze Rauchfahne des abstürzenden Ägypters . . . Die Bilder machten nicht viel Furore. Hoffen wir, daß Piloten in der Zukunft uns weiterhin verfehlen." Nur in Lebensgefahr gewesen zu sein, ist für den Fotografen kein erwähnenswertes Erlebnis. Auf die Fotos kommt es an.

Faas zieht den Schluß: In vierzehn Tagen erlebte er mehr gefährliche Situationen, und zwar durch ägyptische Artillerie, als in all seinen vietnamesischen Fotografen-Jahren zusammen. „Ich war überrascht, daß nicht mehr Journalisten dem Krieg zum Opfer gefallen sind."

Am Tage des Waffenstillstands suchen die Israelis auch im Norden nach einer Entscheidung. Hier ist der Berg Hermon, 2814 Meter hoch und Israels einziges Schnee-Gebiet, am 6. Oktober teilweise von syrischen und marokkanischen Truppen erobert worden. Eine strategisch wichtige Stellung für Israelis und Araber. Von hier aus liegt die Straße nach Damaskus in der Reichweite der jeweiligen Artillerie.

Am Vorabend schon haben Hubschrauber israelische Fallschirmjäger auf dem Plateau abgesetzt. Die Wüstenkrieger haben auch Gebirgsjäger, die Golani-Brigade. Für sie wird der Angriff auf den Gipfel eine Invasion mit Kletterhaken und Seil. „Der Aufstieg dauerte fast sieben Stunden", berichtet der Militärkorrespondent Yeshayahu Aviam. Syrische Scharfschützen sind über weite Teile des steinigen, baumlosen Berges verteilt. Oft hängen die Soldaten schutzlos in der Wand. Die Verluste sind auf beiden Seiten hoch. Um 10.57 Uhr melden jedoch die Golanis über Funk: „Die Befestigungen auf dem Hermon sind in unserer Hand."

Aber das Sterben geht weiter. Noch hocken Syrer in versteckten Stellungen. Sie geben nicht auf. Die letzten müssen mit Flammenwerfern aus ihren Löchern getrieben werden.

Irgendwo am Berg entdecken die Golanis die Leiche eines syrischen Piloten. Neben ihm ein Brief. Der Pilot ist abgeschossen worden. Verwundet landete er mit dem Fallschirm in einem Geröllfeld.

Tagelang lag er da, hoffte von Freund oder Feind entdeckt zu werden, ganz gleich von wem. Er schrieb das alles in dem Brief, den er an seine Regierung richtete. Er bittet, die Suche nach Vermißten nie aufzugeben. Er selbst sieht sich der Rettung nahe. Er muß am zwölften Tag nach der Notlandung gestorben sein — da bricht der Brief ab. Er wird von einem israelischen Fallschirmjäger gefunden.

In den Morgenstunden des 22. Oktober startet nun Henry Kissinger in einer schimmernd blanken Boeing 707-Düsenmaschine mit der Aufschrift „United States of America" zu einer überraschenden Reise. Er fliegt von Moskau, wo er zusammen mit Breschnew die Weichen für den Waffenstillstand gestellt hat, nach Tel Aviv. In der halben Stunde vor seiner Ankunft landen andere US-Maschinen auf dem Flughafen Lod: Riesige Vögel mit neuen Waffen — die Galaxy-Maschinen füllen die Waffenkammern der Israelis wieder auf.

Um 12.15 Uhr betritt Kissinger auf dem Flughafen Lod israelischen Boden. Außenminister Abba Eban holt ihn ab, und so vertieft ist man bereits in das erste Gespräch, daß der Minister und sein Gast den roten Teppich übersehen, der natürlich für Kissinger ausgerollt worden ist.

Ein paar Schritte neben dem Läufer geht Kissinger an allen Mikrophonen der Radioanstalten vorüber. Beifall der Zuschauer, zwischendrein die Frage: „Bitte eine Stellungnahme, Mister Kissinger!" Der Abflug eines Galaxy-Flugzeuges verschluckt seine Worte. An den Mundbewegungen ist abzulesen, daß die Antwort „no" lautet.

Die Wagen-Kolonne fährt in einen nördlichen Vorort von Tel Aviv. Kissinger erzählt, daß er versucht habe, von Moskau aus Golda Meir anzurufen. Technische Pannen haben das Gespräch verhindert. Kissinger muß den israelischen Gesprächspartnern, so sickert durch, sehr ernsthaft versichern, daß es keine Geheimabkommen zwischen Moskau und Washington gebe. Die Sowjetunion stimme — entgegen ihrer bisherigen Haltung — jetzt auch direkten Verhandlungen zwischen Israel und den arabischen Ländern zu.

Golda Meir indessen macht bei dieser und jeder sich bietenden Gelegenheit klar, wie ihr Land die UN-Entschließung Nr. 242 auslegt, auf die der Sicherheitsrat pocht. Damit beginnen erneut die Kämpfe um das kleine Wort „den".

Israel soll sich zurückziehen. Bedeutet dies laut Entschließung Nr. 242, daß sich Israel „aus *den* besetzten Gebieten", also aus allen, zurückziehen muß? Oder sind nicht näher bezeichnete „besetzte Gebiete" gemeint? Die französische und die englische Version lassen beide Auslegungsmöglichkeiten zu.

„Eigentlich hat Israel einen Waffenstillstand nicht nötig", sagt Verteidigungsminister Moshe Dayan am anderen Ufer des Kanals. Was er nicht sagt: „Gerade jetzt können wir einen Waffenstillstand überhaupt nicht brauchen." Das denken alle israelischen Militärs.

Was wird Ägypten tun? Um 16 Uhr wird bekannt, daß auch Staatschef Sadat den UN-Vorschlag akzeptiert hat. Damaskus aber schweigt. Nicht einmal im Rundfunk wird der Waffenstillstand erwähnt.

Um 18 Uhr zieht General Schlomo Gazit in Tel Aviv die erste Bilanz. Die Waffenstillstandslinien, die seine Helfer vorsorglich auf eine Landkarte an der Wand gemalt haben, „stimmen längst nicht mehr", sagt Gazit. „Sie werden sich auch in den nächsten 45 Minuten noch verschieben." Man ist also entschlossen, bis zum letzten Augenblick zu kämpfen.

Der Stand um 18 Uhr nach Gazit: Israel habe auf dem Westufer etwa 1 200 Quadratkilometer erobert, während Ägypten auf der anderen Seite lediglich 600 Quadratkilometer besetzt halte. An der ägyptischen und der syrischen Front sind nach Schätzungen des Militärs insgesamt 2 000 arabische Tanks zerstört worden. Gazit bedauernd: „Es war ein großer Sieg, aber er hätte größer sein können."

Zwanzig, dreißig Minuten vergehen. Die Waffen schweigen, verkündet das Radio. „Die Situation ist noch nicht überschaubar", sagt wenig später der Sprecher des Militärs.

Nicht überschaubar? Am Kanal sieht die Lage so aus: Die Waffenruhe kam — und Minuten später ging eine gewaltige Salve los. „Der ganze Himmel über dem Kanal ist vom Feuerschein der Schlacht erleuchtet." Das notiert ein Augenzeuge.

Der Krieg stirbt nicht. Die Generale und die Politiker wollen es nicht, noch nicht.

Blutige Waffenruhe:

Eine Armee wird eingekesselt

Es ist der Tag nach der Schlacht, der 23. Oktober. Israels Generalstabschef David Elazar gibt einen bitteren Tagesbefehl aus. „Nach siebzehn Tagen des Krieges, auf dem Höhepunkt unserer Offensive, hat der Sicherheitsrat zur Waffenruhe aufgerufen. Ungewiß sind wir noch über die Wirksamkeit des Waffenstillstands und die Absichten unserer Feinde. Doch hat uns die Erfahrung gelehrt, wachsam zu bleiben, bereit zu sein, die Kämpfe wieder aufzunehmen. Wir sind siegreich gewesen, doch unser Sieg ist noch nicht vollständig."

Seine Armee ist dabei, den Sieg etwas vollständiger zu machen. Das Schlachtfeld soll noch aufgeräumt werden, sagen Truppenkommandanten. Aber die Israelis haben mehr vor, als nur ein bißchen aufzuräumen. Das Ende des Krieges soll noch das Ende einer ganzen Armee bringen: der Dritten Armee Sadats.

Sie liegt mit 20 000 Mann und 200 Tanks am Ostufer des Suezkanals. Die gegenüberliegende Seite ist bereits teilweise von den Israelis besetzt — jetzt treiben sie ihre Panzerkolonnen weiter vor; so weit, daß die Stadt Suez und der Öl-Hafen von Adabiya erreicht werden. Jetzt ist der Ring geschlossen. Von allen Seiten umgeben die Geschütze der Israelis die Dritte ägyptische Armee. Kein Nachschub, keine Verpflegung, kein Wasser — nichts mehr kann zu ihnen durch, abgeschnitten sind die Straßen nach Kairo. Verzweifelt versuchen die Ägypter immer wieder auszubrechen.

***

Es ist der Tag nach der Schlacht, der 23. Oktober. Im „Golders Green" Krematorium von London haben sich Musiker die Noten für ein Oboen-Quartett von Wolfgang Amadeus Mozart zurechtgelegt. Sie spielen es für Nicholas Tomalin, für jenen Kriegsberichterstatter, der Oboen-Musik so liebte, der den Krieg haßte und auf den Golan-Höhen von einer Rakete erschlagen wurde. Es ist eine stille Feier ohne Ansprache. Nur seine Frau, seine vier Kinder, sein Vater und seine Mutter und drei Freunde stehen vor dem Sarg. Unter ihnen auch Frank Hermann, der Fotograf, der mit auf den Golan-Höhen gewesen ist. Er fuhr ein paar Kilometer hinter Nick.

Erst später, am 13. Januar 1974, wird man zu Ehren von Nick Tomalin in London eine öffentliche Feier veranstalten, mit Reden und Musik von Haydn.

***

Es ist der Tag nach der Schlacht, der 23. Oktober. Im Süden der Sowjetunion, über Kasakstan, sinkt ein Feuerball vom Himmel. Der Spionagesatellit „Cosmos 600" — eine Kapsel, groß wie ein 2-Mann-Raumschiff — taucht in die Erdatmosphäre ein und landet sanft in dem Tiefland am Kaspischen Meer. Er bringt die neuesten Fotos vom Krieg. Aus dem Himmel hat er die Hölle beobachtet.

Es ist der Tag nach der Schlacht. Im Morgengrauen landet auf der „Andrew Air Force Base", einem Luftwaffenstützpunkt bei Washington, die silbern glänzende Boeing 707 mit der Aufschrift „United States of America". Außenminister Henry Kissinger winkt auf der Gangway ungewohnt flüchtig den wartenden Fotografen zu und verschwindet schnell in einer schwarzen Limousine, die auf dem Rollfeld auf ihn wartet. Kissinger kommt gerade von einer Blitzreise zurück, die ihn über Moskau, Tel Aviv und London geführt hat.

Kissinger sagt sofort eine Pressekonferenz ab und läßt überdies durch seinen Sprecher Robert J. McCloskey mitteilen, er werde seinen für diese Woche geplanten Besuch in China verschieben müssen. Die Nachrichten aus dem Nahen Osten haben Washington alarmiert. „Ich kann nicht behaupten", versucht McCloskey mit den wartenden Journalisten zu scherzen, „daß die Waffen auf dem Schlachtfeld auch nur für einen Augenblick schwiegen."

* * *

Am 24. Oktober wird zum zweiten Male Waffenruhe angeordnet. In seiner Dienstvilla auf dem Bonner Venusberg (Kiefernweg 12) erfährt dies Bundeskanzler Willy Brandt um 7.30 Uhr beim Frühstück. Ganz oben auf einem Berg von Zeitungen und Mitteilungen liegt, mit rosa Deckblatt, die Nachrichtenübersicht Nr. 1 des Bundes-Presseamtes. Brandt liest: „Das israelische Oberkommando hat am Mittwochmorgen, 6 Uhr, Ortszeit, allen seinen Truppen den Befehl zur Feuereinstellung gegeben."

Henry Kissinger steckt an diesem Tag bereits mitten in einer Krise, die vorübergehend sogar die Gefahr einer weltweiten Auseinandersetzung auslösen wird. Um 8 Uhr abends überreicht der Sowjet-Botschafter Anatoli Dobrynin Außenminister Kissinger eine Note. Auf den dringenden Wunsch von Präsident Sadat hin schlägt die Sowjetunion die Entsendung einer sowjetisch-amerikanischen Expeditions-Truppe an den Suez-Kanal vor, um den Waffenstillstand zu erzwingen.

Der amerikanische Geheimdienst meldet gleichzeitig: Moskau hat sieben Luftlande-Divisionen, insgesamt 49 000 Soldaten, in Alarmbereitschaft versetzt. Gegen 23 Uhr trifft bei Kissinger eine Note von Breschnew ein, die keinen Zweifel mehr läßt: Notfalls wird die Sowjetunion allein Truppen in den Nahen Osten entsenden.

Kissinger ruft Präsident Nixon an, der sich im Weißen Haus bereits in sein Schlafzimmer zurückgezogen hat. Nixon beauftragt seinen Außenminister, er solle zusammen mit Verteidigungsminister James R. Schlesinger alle nötigen Schritte einleiten. Um 23.30 Uhr gibt Schlesinger an alle amerikanischen Truppen den verschlüsselten Alarmruf „Def Con Three" (Defense Condition 3) durch. 2 231 000 US-Soldaten in aller Welt werden in Alarmbereitschaft versetzt. Einheiten in der Bundesrepublik und strategische Bomber-Geschwader in Südost-Asien, die Mittelmeer-Flotte und Luft-Lande-Truppen in den USA. Für ein paar Stunden muß die Welt befürchten, daß sich der vierte Nahost-Krieg zu einem Weltkonflikt ausdehnt.

***

Vorüber ist der Krieg. Am Westufer des Kanals, an der Straße vom Bittersee nach Suez, liegen Tote wie Meilensteine. Panzer parken unter Palmen. Ein paar

Schritte davon entfernt die ersten Leichen. Sie liegen im Sand, als suchten sie nur Deckung. Eine starre Hand greift noch nach dem Stahlhelm, der dem Sterbenden davongerollt ist.

In einem zertrümmerten Lastwagen ein Toter am Steuer. Kilometerweit hängt Verwesungsgeruch in der Luft. Überall auf den Schlachtfeldern streichen herrenlose Hunde um die Kadaver umher.

In einem Tank stecken die verbrannten Körper der Toten. Die Soldaten scheinen beim Frühstück überrascht worden zu sein. Neben dem Panzer stehen unbeschädigt ein paar geöffnete Büchsen. Man sieht förmlich vor sich, was geschah: Angriff der Israelis. Die Ägypter klettern in den Panzer — er wird zur tödlichen Falle.

Ein paar hundert Meter weiter die Reste eines Flugabwehr-Geschützes. Der Mann an der Flak hat einen Brief geschrieben, als der Krieg kam. Er hatte noch Zeit, ihn zusammenzufalten und in einen Luftpost-Umschlag zu stecken, bevor der Tod kam. Ein israelischer Soldat hebt den Brief auf, steckt ihn in die Tasche. Ein Rasierapparat chinesischer Herkunft, ein geöffnetes Notizbuch und ein paar Wäschestücke wirft er zurück in den Sand.

Im Dorf Casprit hockt ein Verwundeter an der Säule einer leeren Markthalle. Er muß fürchterliche Schmerzen haben, ihm ist elend zumute, das sagen schon seine Augen an. Doch er bringt kein Wort über die Lippen. Es fällt ihm sogar schwer, die Hand zu heben und eine geschenkte Zigarette entgegenzunehmen. Neben ihm am Boden regungslos ein Ägypter. Ein Sanitäter der Israelis kümmert sich um seine offene Bauchwunde.

Es ist der Tag nach der allerletzten Schlacht. Und immer noch wird ein bißchen geschossen: In einigen

Vierteln der Stadt Suez haben sich offenbar ägyptische Soldaten verschanzt. Links Abschußfeuer-Einschläge. Israelische Geschütze antworten. Wer hat diesmal mit dem Zurückschießen angefangen? Wer mit dem Schießen?

Hinter Erdwällen am Straßenrand warten verdeckte Lastwagen. Unter tarnenden Planen kommen vier Meter lange Raketen zum Vorschein: Typ „SAM 3". Inmitten der Lkws ein wohnwagenähnliches Fahrzeug mit einer riesigen Antenne: Die Raketen-Leitstelle. Die Aufschriften an allen Schaltern sind in Russisch gehalten.

Einige „SAM-6"-Raketen wurden bereits in aller Eile nach Israel abtransportiert. Jetzt folgen ihnen die „SAM 3". Eine Fahrzeugkolonne mit den noch größeren „SAM-2"-Raketen schließt sich an.

„Ab nach Israel", sagen die Soldaten.

Die ersten Fahrzeuge der Vereinten Nationen bringen Waffenstillstands-Beobachter an die Front. Chilenen, Österreicher, Finnen. Aber wo sind hier Waffenstillstandslinien? Wo waren sie gestern? Wo werden sie morgen sein?

Ein Stück weiter landeinwärts gibt es einen Punkt, der Kilometerstein 101 heißt. Aber ein richtiger Stein ist dort nicht zu sehen. Der Punkt ist auf den Generalstabskarten errechnet: 101 Kilometer liegt er von Kairo entfernt. Dort werden sich in ein paar Tagen ägyptische und israelische Offiziere treffen und ihre Unterschrift unter Abkommen setzen, die den Waffenstillstand wirklich zur Waffenruhe machen sollen.

Vorüber die Schlacht. Aber der Frieden hat noch nicht begonnen.

ERSCHIENEN BEI R. S. SCHULZ

Werner Egk
Die Zeit wartet nicht
DM 25,—

Anneliese Fleyenschmidt
Wir sind auf Sendung
DM 19,80

Valeska Gert
Katze von Kampen
DM 14,80

Michael Graeter
Leute II
DM 69,—

Erich Helmensdorfer
Westlich von Suez
DM 26,—

Erich Helmensdorfer
Hartöstlich von Suez
DM 22,80

Otto Hiebl
**schön daß es
München gibt**
Broschiert DM 9,80
Leinen DM 14,80

Werner Höfer
**Starparade —
Sternstunden**
DM 36,—

Werner Höfer
Deutsche Nobel Galerie
DM 25,—

Friedrich Hollaender
**Ich starb
an einem Dienstag**
DM 22,50

Friedrich Hollaender
Ärger mit dem Echo
DM 13,80

Friedrich Hollaender
**Die Witzbombe
und wie man sie legt**
DM 14,80

Hermann Kesten
**Revolutionäre
mit Geduld**
DM 26,—

Manfred Köhnlechner
Die Managerdiät
DM 9,80